왕국의 성립

THE GOSPEL PROJECT®

The Gospel Project for **Students** is published quarterly by LifeWay Christian Resources,
One LifeWay Plaza, Nashville, TN 37234, Thom S. Rainer, President

가스펠 프로젝트

구약 4

왕국의 성립

중고등부 교사용

지은이 · LifeWay Students
옮긴이 · 오주영
감수 · 김병훈, 이희성, 노희태
발행일 · 2017년 8월 8일
2판 1쇄 발행 · 2023년 11월 7일
등록번호 · 제1988-000080호
등록된 곳 · 서울특별시 용산구 서빙고로65길 38
발행처 · 사단법인 두란노서원
영업부 · 02-2078-3352, 3452, 3781, 3752 FAX 080-749-3705
편집부 · 02-2078-3437
디자인 · 땅콩프레스

책값은 뒤표지에 있습니다.
ISBN 978-89-531-4675-4 04230 / 978-89-531-4670-9(세트)

가스펠 프로젝트 홈페이지 · gospelproject.co.kr
두란노몰 · mall.duranno.com

차례

4

A Kingdom Established

발간사

두란노서원을 통해 라이프웨이(LifeWay)의 《가스펠 프로젝트》 성경 공부 교재 시리즈를 발간할 수 있도록 인도하신 하나님께 감사드립니다. 험한 소리로 가득한 세상에 이 책을 다릿돌처럼 놓습니다. 우리 삶은 말씀을 만난 소리로 풍성해져야 합니다. 주님을 만난 기쁨의 소리, 진실 앞에서 탄식하는 소리, 죄를 씻는 울음소리, 소망을 품은 기도 소리로 가득해야 합니다.

《가스펠 프로젝트》는 신구약을 관통하는 예수 그리스도의 복음을 발견하고, 그 가르침을 삶에 적용하는 지혜를 얻도록 기획한 성경 공부 교재입니다. 어린아이부터 어른에 이르기까지 생애주기에 따른 복음 메시지를 잘 배울 수 있습니다. 또한, 거짓 진리가 미혹하는 이 시대에 건강한 신학과 바른 교리로 말씀을 조명하여 성도의 신앙이 좌로나 우로나 치우치지 않도록 돕습니다.

두란노서원은 지금까지 "오직 성경, 복음 중심, 초교파적 관점"을 바탕으로 한국 교회와 성도를 꾸준히 섬겨 왔습니다. 오직 성경의 정신에 입각해 책과 잡지를 출판해 왔으며, 성경에 근거한 복음 중심의 신학을 포기한 적이 없습니다. 그리고 교단과 교파를 초월하여 교회와 성도가 하나님 나라를 바라볼 수 있도록 돕기 위해 노력해 왔습니다. 《가스펠 프로젝트》는 두란노가 지켜 온 세 가지 가치를 충실하게 담은 책입니다.

성경은 구원을 위한 책이며, 구원사의 주인공은 예수 그리스도입니다. 창세기부터 요한계시록까지 오직 예수 그리스도의 복음만을 전하는 《가스펠 프로젝트》 성경 공부 교재를 통해 복음의 은혜와 진리를 깊이 경험하고, 복음 중심의 삶이 마음 판에 새겨지기를 바랍니다. 그리고 예수 그리스도 복음에 굳게 선 한 사람의 영향력이 가정과 교회와 사회에 흘러감으로써 거룩한 하나님 나라가 확산되어 가기를 소망합니다.

두란노서원 원장 이 형 기

감수사

두란노가 출간하는 《가스펠 프로젝트》는 무엇보다도 전통적으로 교회가 풀어 온 흐름을 충실히 따라 성경을 해설하고 있습니다. 그리고 그 방향은 궁극적으로 예수 그리스도를 향해 나아가고 있습니다. 이것은 예수님이 구약과 신약의 모든 성경이 자신을 가리키고 있다고 하신 말씀에 비추어 매우 타당한 것입니다. 게다가 그리스도 중심적 해설을 무리하게 전개하지 않습니다. 각 본문에서 하나님의 구원 언약과 그것을 실현하시는 하나님을 드러내면서, 그리스도의 예표적 설명이 가능한 사건을 놓치지 않고 풀어내고 있습니다.

성경 공부 교재는 명시적으로 혹은 암시적으로 제시하는 교리적 진술이 교리체계상 건전해야 합니다. 《가스펠 프로젝트》는 99개 조에 이르는 핵심 교리들을 일목요연하게 제시하여 교리의 건전성을 확인할 수 있도록 도움을 줍니다. 《가스펠 프로젝트》의 교리는 교파를 막론하고, 예수 그리스도의 복음에 충실한 복음주의 교회들에게 환영받을 만합니다. 물론 교파마다 약간의 이견을 갖는 부분들이 있을 수 있겠지만 각 교회에서 교재를 활용하는 데에 무리가 없을 것으로 판단합니다. 《가스펠 프로젝트》의 특징은 각 과에서 학습한 내용을 핵심 교리와 연결해 주며, 그 결과 그리스도의 복음에 관련한 교리적 이해를 강화시킨다는 데에 있습니다.

끝으로 《가스펠 프로젝트》는 어떤 성경 주해서나 교리 학습서가 갖지 못하는 훌륭한 장점을 가지고 있습니다. 그것은 학습자를 하나님과 그리스도의 복음 앞으로 나오도록 이끌며 자신의 신앙과 삶을 돌아보도록 하는 적용의 적실성과 훈련의 효과입니다. 아울러 선교적 안목을 열어 주는 적용 질문들을 더해 준 것은 《가스펠 프로젝트》에서 얻을 수 있는 커다란 유익입니다.

《가스펠 프로젝트》는 성경을 개괄적으로 매주 한 과씩, 3년의 기간 동안 일목요연하게, 그리고 그리스도 중심적으로 공부하도록 이끌어 준다는 점에서, 한국 교회의 기초를 성경 위에 놓는 일에 대단히 커다란 공헌을 할 것으로 믿어 의심치 않습니다.

김병훈 _ 합동신학대학원대학교 조직신학 교수

아모스 선지자가 타락의 일로를 걷고 있던 북이스라엘을 향해 선포한 메시지가 생각납니다. “보라 날이 이를지라 내가 기근을 땅에 보내리니 양식이 없어 주림이 아니며 물이 없어 갈함이 아니요 여호와의 말씀을 듣지 못한 기갈이라”(암 8:11). 주전 8세기 아모스 선지자의 외침이 오늘 이 시대에 다시 메아리쳐 오고 있습니다. 온갖 이단들이 영적으로 갈급한 성도들을 향해 검은손을 내밀고 있습니다. 이들은 성경 구절을 단편적으로 이해하고 왜곡하여 교리를 구축한 후 성도들을 혼란에 빠뜨리고 있습니다. 두란노의 《가스펠 프로젝트》는 성도들이 겪고 있는 이러한 갈증을 해소해 줄 수 있는 참으로 유익한 성경 공부 교재입니다.

첫째, 《가스펠 프로젝트》는 성경 전체 흐름과 문맥에 따라 구성되어 성경의 큰 그림을 볼 수 있도록 도와줍니다. 또 성경 각 본문의 의미를 깊이 이해할 수 있도록 해당 분야의 전문 성경 신학자들의 주석적 견해를 잘 소개하고 있습니다. 둘째, 본문 연구와 함께 관련

핵심 교리들을 적절하게 소개하여 성경과 교리를 연결할 수 있습니다. 또 모든 과에서 그리스도와의 연결점을 찾아 제시해 주므로 구약 본문을 통해서도 복음을 깨달을 수 있습니다. 성경 공부 전 과정을 마치면 성도들이 복음에 대한 견고한 믿음을 가지게 될 것입니다. 셋째, 성경 공부를 통한 적용의 초점을 선교에 맞추어 성도들이 삶의 현장에서 복음의 증인으로서의 사명을 감당할 수 있게 도와줍니다. 마지막으로, 주일학교 어린이부터 장년에 이르기까지 동일한 주제와 본문으로 성경을 공부하도록 구성하였기 때문에 모든 교인이 한 말씀 안에서 한 믿음의 공동체를 이루며 성숙해 가는 영적 부흥을 경험하게 될 것입니다.

두란노의《가스펠 프로젝트》를 통해 말씀이 갈급한 기근의 시대에 영적 해갈의 기쁨을 경험하시기 바랍니다.

이희성 _ 총신대학교 구약학 교수

일반적으로 교육의 3요소를 교육 주체인 교사, 교육 객체인 학생, 교육 내용인 교육 과정(curriculum)이라고 말합니다. 기독교 교육 또한 교회 학교 교사나 가정의 부모가 교육 주체가 되어 다음 세대인 청소년들에게 복음이 담긴 성경을 가르치는 것입니다. 교육 과정을 제외하고는 공교육과 기독교 교육이 본질적으로 다를 수 없는데, 시대의 요청이나 학습자의 역량에 따라 교육 과정이 바뀌는 공교육과 달리, 성경이라는 절대 진리가 교육 과정인 기독교 교육은 수요자 중심의 창의적 상호 작용 등 교육 방법론에 취약점을 보인 것이 사실입니다.

《가스펠 프로젝트》는 객관론적인 인식론에 근거한 프로젝트 수업을 염두에 두었기 때문에, 안내하고 조력하는 교사의 역할 수행과 자연스럽고도 적극적인 학생들의 반응이 만나 성경의 내용을 '지금 그리고 여기'를 사는 '나'와 접목시켜 진지하게 대면하게 합니다. 매 과마다 청소년 설교 제목과 같은 감각적인 제목으로 문을 열고 들어가 'HIS STORY'를 만나게 됩니다. 그뿐 아니라 '연대표', '알짬 교리 99' 등은 다소 지루할 수 있는 성경의 이야기를 청소년 특유의 감성으로 그들의 지적 호기심을 채워 주기에 충분합니다. 또한 '그리스도와의 연결'로 구속사적 흐름을 놓치지 않고 그리스도의 복음을 충실히 따르고 있습니다. 영원불변하는 하나님의 말씀이 21세기에 대한민국에서 살아가는 중학생, 고등학생의 실제 이야기로 잘 구현되도록 한 'YOUR STORY', 그리고 'HEAD'(생각)와 'HEART'(마음)가 어떻게 'HANDS'(행동)로 이어지는가에 대한 'YOUR MISSION'은 성경 공부의 매우 중요한 연결 고리가 될 것입니다.

《가스펠 프로젝트》는 그리스도 중심의 성경 공부 교재이자, 성경 전체를 꿰뚫는 복음의 알파와 오메가로서 이 시대에 새로운 기독교 교육의 이정표가 될 것을 확신합니다.

곽상학 _ 전 온누리교회 협동 목사

추천사

우리 시대의 전 세계적 교회 부흥은 두 가지 샘을 가지고 있습니다. 한 샘은 오순절 부흥 운동의 샘입니다. 이 샘으로 많은 시대의 목마른 영혼들이 목마름을 해갈했습니다. 또 하나의 샘은 성경 연구의 샘입니다. 남침례교 주일학교 운동은 이 샘의 개척자입니다. 이 샘으로 지금도 많은 성도가 목마름을 해갈하고 있습니다. 미국 남침례교 라이프웨이 출판사는 이러한 사역을 충실히 감당해 왔습니다. 《가스펠 프로젝트》는 모든 필요를 공급하는 원천이 될 것입니다. 《가스펠 프로젝트》로 한국 교회의 목마름이 해갈되기를 기도합니다. 《가스펠 프로젝트》는 쉬우면서도 결코 피상적이지 않습니다. 믿음의 단계를 따라 하나님의 자녀들에게 꼭 필요한 복음의 진수를 맛보게 해 줄 것입니다. 이 체계적인 교재로 이 땅에 새로운 영적 르네상스가 일어나기를 기대합니다.

이동원 _ 지구촌교회 원로목사, 지구촌 미니스트리 네트워크 대표

《가스펠 프로젝트》는 예수 그리스도 중심, 즉 복음 중심의 제자 양육 교재입니다. 복음은 구원하는 능력뿐만 아니라 삶을 변화시키는 능력입니다. 성도들을 변화와 성숙으로 이끌어 주는 귀한 교재가 조국 교회와 이민 교회에 소중하게 쓰임받기를 바랍니다. 특별히 이민 2세들은 영어 교재 원본을 사용할 수 있는 까닭에 큰 도움이 될 것입니다.

강준민 _ LA 새생명비전교회 담임 목사

성경은 예수 그리스도를 중심으로 하는 하나님의 구원 이야기입니다. 성경을 가르치는 일은 하나님의 구원에 동참하는 하나님의 사람을 만드는 일이며, 하나님의 사람의 탁월한 모델은 바로 예수 그리스도입니다. 《가스펠 프로젝트》는 예수 그리스도를 중심으로 성경을 배웁니다. 성경이 어떻게 그리스도와 연결되어 있는지, 또 성도의 삶이 그리스도를 중심으로 하는 하나님의 구원 계획에 어떻게 연결되어야 하는지 구체적으로 제시합니다.

특히 《가스펠 프로젝트》는 하나의 본문을 각 연령에 맞게 구성한 교재를 제공해 하나의 본문으로 전 세대를 연결하고, 가정과 교회를 하나 되게 합니다. 신앙의 전수가 중요한 시대에 성도와 교회와 가정이 한마음으로 다음 세대를 준비시키기에 적합합니다. 특히 가정에서 부모가 자녀와 말씀으로 대화를 나눌 수 있게 해 자녀 신앙 교육에 도움이 될 것입니다.

《가스펠 프로젝트》가 주일학교부터 장년에 이르기까지 전 교회와 성도의 각 가정에서 사용되어 예수 그리스도를 통한 하나님의 가스펠 프로젝트가 성취되기를 기도하면서 기쁨과 확신으로 추천합니다.

이재훈 _ 온누리교회 담임 목사

《가스펠 프로젝트》는 성경을 예수 그리스도 중심으로 심도 있게 살피도록 도우면서, 또한 그것을 이야기 형식으로 제시하며 실질적으로 적용하도록 이끄는 탁월함이 보입니다. 이는 청소년들이 자연스럽게 주변 또래들에게 자신이 경험한 예수 그리스도와 복음에 대해 나눌 수 있게 합니다.

왕동식 _ 서울YFC(십대선교회) 대표, 청소년사역자협의회 회장

《가스펠 프로젝트》는 복음주의적인 관점에서 성경을 이해하며 성경적 가치관을 형성하는 데 큰 도움을 줍니다. 특히 예수 그리스도를 모든 과에서 그 중심에 두어 구속사적으로 이해할 수 있도록 돕습니다. 또한 각 과별 주제도 친근할 뿐 아니라 다음 세대의 눈높이에 맞추고 있어서 적극 추천합니다.

황성건 _ (사)청소년선교횃불 대표, 소금과빛 국제학교 운영 이사

사역 현장에서는 하나님의 말씀을 효율적으로 가르칠 수 있는 좋은 방법과 교재에 늘 목말라 합니다. 그런 점에서 그 필요를 잘 충족해 줄 교재가 출간되어 기쁜 마음으로 추천합니다.

김운용 _ 장로회신학대학교 실천신학 교수

《가스펠 프로젝트》는 하나님의 말씀으로 우리를 초청해서 예수 그리스도를 만나게 하고 사랑하게 만드는 훌륭한 교재입니다. 자녀들이 교회 학교에서, 부모들이 소그룹에서 말씀을 공부한 후에 저녁 식탁에 둘러앉아 예수님에 대해 함께 나눌 수 있다는 것은, 상상만 해도 너무나도 멋지고 복된 일입니다.

김지철 _ 전 소망교회 담임 목사

《가스펠 프로젝트》는 어린이부터 장년까지 성경에서 예수님이라는 보석을 찾는 눈을 활짝 열어 주는 놀라운 교재입니다. 각 연령대에 맞게 구성된 본 교재를 통해 예수님을 다시 발견하고 한국 교회가 더욱 견고하게 되기를 바랍니다.

최병락 _ 강남중앙침례교회 담임 목사

성경이 가르치는 구원의 도리인 교리를 성경 본문을 통해 배우기가 쉽지 않기 때문에 좋은 안내서가 필요합니다.《가스펠 프로젝트》는 이와 같은 역할을 탁월하게 수행하고 있기 때문에 기쁜 마음으로 추천합니다.

이성호 _ 고려신학대학원 역사신학 교수

일러두기

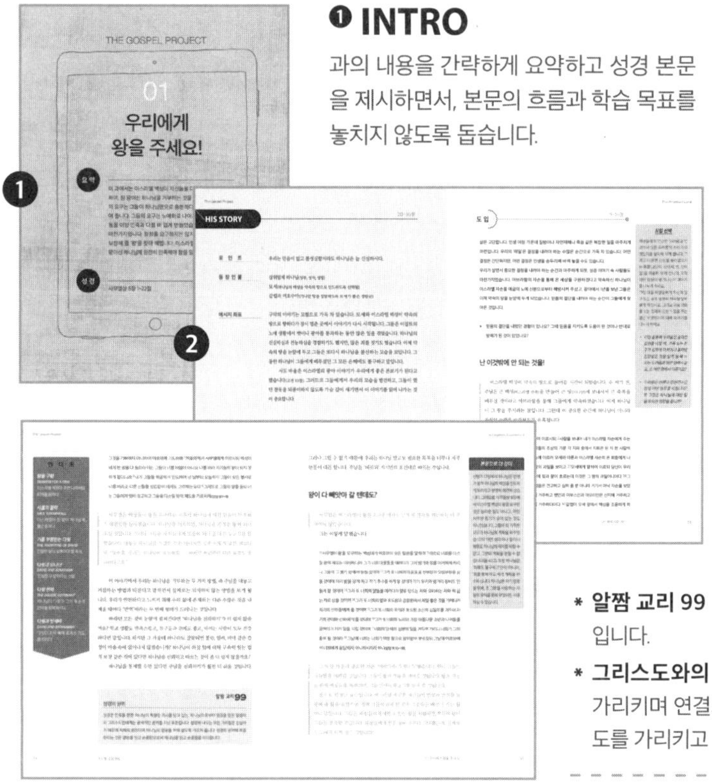

❶ INTRO

과의 내용을 간략하게 요약하고 성경 본문을 제시하면서, 본문의 흐름과 학습 목표를 놓치지 않도록 돕습니다.

❷ HIS STORY

하나님의 구속사에 초점을 맞춰 성경을 이해하도록 하며, 다음과 같은 특징이 있습니다.

* **students** 왼편에 'students' 글씨와 함께 회색 세로줄이 있는 단락은 학생용 교재와 동일한 부분입니다. 학생용 교재의 모든 내용이 교사용에도 실려 있습니다.
* **연대표** 성경을 시간 순으로 이해하도록 살피는 표로, 학생용 교재에서는 그림도 함께 제공합니다.
* **본문으로 더 깊이** 이야기 속으로 더 깊이 들어가도록 돕는 성경 주해입니다. 이 자료를 어떤 식으로 활용할 것인지는 교사의 재량에 달려 있으며, 참고만 해도 괜찮습니다.
* **알짬 교리 99** 매 과의 본문 내용과 관련된 기독교 핵심 교리입니다.
* **그리스도와의 연결** 각 과의 주제가 어떻게 예수 그리스도를 가리키며 연결되는지 살피는데, 이를 통해 모든 성경이 그리스도를 가리키고 있음을 강조해 줍니다.

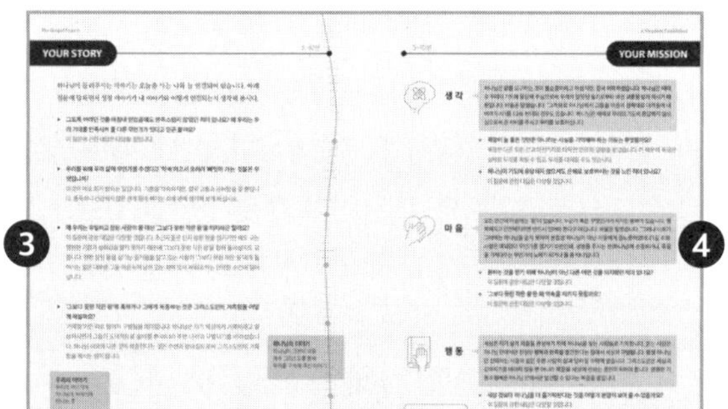

❸ YOUR STORY

하나님이 과거에 행하신 일을 오늘날과, 그리고 학생 자신과 연결하도록 돕는 토론 질문을 제시합니다. 매 질문마다 교사에게 주는 조언이 첨부되어 있습니다.

❹ YOUR MISSION

그리스도인으로서 어떻게 살아가야 할지 하나님의 이야기를 통해 생각하고 변화를 경험하도록 이끕니다. 단순한 성경 공부를 넘어 사명감을 가지고 이 세상을 살아가야 할 것을 강조하면서 하나님께 순종하도록 돕습니다.

가스펠 프로젝트 홈페이지 자료실 gospelproject.co.kr에 있는 다양한 자료를 활용해 보세요.

- **십대와 나누는 믿음의 대화** 학생들과 폭넓게 나눌 수 있도록 본문의 요점, 질문, 명언을 제시합니다.
- **교사 지도 가이드** 교사에게 필요한 본문에 대한 설명과 지도 방향 등을 동영상으로 제공합니다.
- **가족성경읽기표** 본문에도 나오는 연대기적 성경 통독 일정이, 온가족이 보기 좋게 정리되어 있습니다.

교사 지도 가이드

01

우리에게 왕을 주세요!

요 약

이 과에서는 이스라엘 백성이 자신들을 다스릴 인간 왕을 요구하며, 참 왕이신 하나님을 거부하는 것을 볼 수 있습니다. 그들의 요구는 그들이 하나님만으로 충분하다고 믿지 않았음을 보여 줍니다. 그들의 요구는 노예화로 나아가는 문을 열었고, 그들을 이방 민족과 다를 바 없게 만들었습니다. 오늘날 우리도 마찬가지입니다. 왕정을 요구하지는 않지만 우리에게 안전을 보장해 줄 '왕'을 찾아 헤맵니다. 이스라엘의 이야기는 진정한 왕이신 하나님께 완전히 만족해야 함을 일깨워 줍니다.

성 경

사무엘상 8장 1~22절

HIS STORY

20~30분

포 인 트

하나님의 인자한 통치를 거부하는 것은 우리 삶에서 하나님에 대한 만족함이나 개인적인 거룩함이 부족하다는 것을 드러낸다.

등 장 인 물

삼위일체 하나님(성부, 성자, 성령)

사무엘(마지막 사사, 태어나기 전부터 주님께 바쳐짐)

메시지 좌표

성경 이야기를 따라가다 보니, 사사 시대를 거쳐 왕정 시대로 접어들었습니다. 이 과에서는 이스라엘 백성이 자신들을 다스릴 인간 왕을 요구하며 진정한 왕이신 하나님을 거절하는 모습을 보게 될 것입니다. 그들의 요구는 이스라엘 백성이 하나님만으로 만족하지 못한다는 사실을 드러냈습니다. 이로 인해 그들은 스스로 종이 되었고, 이스라엘은 다른 나라들과 별반 다르지 않게 되었습니다. 오늘날 우리는 왕정을 요구하지는 않지만, 여전히 우리를 안전하게 지켜 줄 '왕'을 찾고 있습니다. 이스라엘의 이야기는 진정한 왕이신 하나님께 완전히 만족해야 함을 일깨워 줍니다.

도 입

5~10분

'신'에 대해 언급하는 것을 꺼리지 않는다 해도, '절대자 하나님'은 거부하는 사람들이 있습니다. 퓨 리서치 포럼(Pew Research Forum)에서 2015년에 실시한 연구에 따르면, 미국에서 무신론자는 인구의 3.1%에 불과합니다. 미국인 대다수는 그리스도인처럼 믿는 것은 아닐지라도 하나님의 존재에 관해 믿고 있습니다.

이들의 주요 갈등 요인은 하나님의 존재 여부가 아니라, 삶 가운데 하나님의 권위를 얼마나 인정해야 하는가에 있습니다. 하나님을 정신을 고양시키거나 힘들 때 기댈 수 있는 존재로는 받아들이지만 삶의 목적과 형태를 좌지우지하는, 즉 순종해야 하는 존재로 받아들이는 것은 거북해합니다. 하나님이 우리 삶 가운데 공급해 주시는 증거를 보지 못하므로 하나님을 믿지 못하고, 삶을 형통하게 하시는 그분의 방식도 신뢰하지 못합니다.

▶ 누군가가 "하나님이 말씀하시길…" 또는 "하나님은 절대로 …하지 않으신다"라고 말하는 것을 들어본 적이 있습니까? 이런 말을 통해 하나님에 관한 그 사람의 견해가 어떠한지 짐작할 수 있습니까?

도입 선택

학생들에게 권위를 가진 사람(교사, 사장 등)에 대해 생각해 보고, 그 가운데 한 사람을 선택하도록 요청하십시오. 그런 다음, 그에게 바라는 권위를 다섯 가지 써서 제출하게 한 후 정리해 주십시오.
느슨한 권위를 원합니까? 아니면 엄격한 권위를 원합니까? 학생들이 원하는 권위는 세상의 기준과 비슷합니까? 아니면 동떨어져 있습니까?
권위자는 우리를 거룩함으로 이끌 수도 있고 세상과 그 가치로 이끌 수도 있다는 사실을 설명해 주십시오. 우리가 살아가면서 하나님의 권위에 복종할 때 이것을 가장 분명히 알 수 있음을 강조해 주십시오. 주님께 순종할 때 보다 더 거룩해질 수 있도록 격려와 힘을 얻습니다. 하지만 그분의 권위를 거절한다면 세상과 별반 다르지 않게 될 것입니다.

하나님 대신 왕을 주세요!

students

사무엘은 한나에게서 기적적으로 태어나, 이스라엘의 위대한 선지자 중 한 명이 되었습니다. 그는 하나님의 말씀을 들었고, 들은 말씀을 백성에게 전했습니다. 그러나 불행하게도 사무엘의 아들들은 주님에게서 등을 돌렸습니다. 그리고 이스라엘은 그들의 반역을 기회 삼아 꽤 오랫동안 노려 왔던 것, 즉 왕을 요구했습니다.

1사무엘이 늙으매 그의 아들들을 이스라엘 사사로 삼으니 2장자의 이름은 요엘이요 차자
의 이름은 아비야라 그들이 브엘세바에서 사사가 되니라 3그의 아들들이 자기 아버지의
행위를 따르지 아니하고 이익을 따라 뇌물을 받고 판결을 굽게 하니라 4이스라엘 모든 장
로가 모여 라마에 있는 사무엘에게 나아가서 5그에게 이르되 보소서 당신은 늙고 당신의
아들들은 당신의 행위를 따르지 아니하니 모든 나라와 같이 우리에게 왕을 세워 우리를
다스리게 하소서 한지라 6우리에게 왕을 주어 우리를 다스리게 하라 했을 때에 사무엘이

연 대 표

왕을 구함
DEMAND FOR A KING
이스라엘 백성이 주변 나라처럼 되기를 원하다.

사울의 몰락
SAUL'S DOWNFALL
이스라엘의 첫 왕이 하나님께 불순종하다.

기름 부음받는 다윗
THE ANOINTING OF DAVID
진정한 왕이 갖추어야 할 특성.

다윗과 요나단
DAVID AND JONATHAN
'진정한 우정'이라는 선물.

다윗 언약
THE DAVIDIC COVENANT
하나님이 다윗과 그의 후손과 언약을 회복하시다.

다윗과 밧세바
DAVID AND BATHSHEBA
다윗이 죄에 빠져 회개의 기도를 드리다.

그것을 기뻐하지 아니하여 여호와께 기도하매 7여호와께서 사무엘에게 이르시되 백성이
네게 한 말을 다 들으라 이는 그들이 너를 버림이 아니요 나를 버려 자기들의 왕이 되지 못
하게 함이니라 8내가 그들을 애굽에서 인도하여 낸 날부터 오늘까지 그들이 모든 행사로
나를 버리고 다른 신들을 섬김같이 네게도 그리하는도다 9그러므로 그들의 말을 듣되 너
는 그들에게 엄히 경고하고 그들을 다스릴 왕의 제도를 가르치라(삼상 8:1~9).

students

사무엘은 백성들이 왕을 요구하는 이유가 하나님에 대한 믿음이 부족하기 때문임을 눈치챘습니다. 하나님을 의지하면, 하나님은 진정한 왕이 되어 주실 것입니다. 그러나 그들은 자신들에게 보장이 되어 줄 다른 누군가를 원했습니다. 대놓고 하나님을 거절한 것은 아니지만 실은 이렇게 말한 셈입니다. "맞아요. 우리는 하나님이 필요해요. … 하지만 이런저런 다른 보장도 필요하다고요."

이 이야기에서 우리는 하나님을 거부하는 두 가지 방법, 즉 주님을 대놓고 거절하는 방법과 따른다고 말하면서 실제로는 의지하지 않는 방법을 보게 됩니다. 우리가 안전하다고 느끼기 위해 우리 삶에 존재하는 다른 수많은 것을 내세울 때마다 '반역'이라는 두 번째 형태가 드러나는 것입니다.

바라던 모든 것이 눈앞에 펼쳐진다면 '하나님을 신뢰하기'가 더 쉽지 않을까요? 학교생활도 만족스럽고, 친구들과 관계도 좋고, 아끼는 사람이 모두 건강하다면 말입니다. 하지만 그 가운데 하나라도 잘못되면 불안, 염려, 비애 같은 감정이 마음속에 일어나지 않겠습니까? 하나님이 하실 일에 대해 구속력 있는 법적 보장 같은 것이 있다면 하나님을 신뢰하고 따르기가 좀 더 쉽지 않을까요?

알짬 교리 **99**

성경의 권위

성경은 인류를 향한 하나님의 특별한 계시를 담고 있는 하나님의 영감 있는 말씀으로 그리스도인에게는 궁극적인 권위를 지닌 기준이 됩니다. 성경의 모든 가르침은 진리입니다. 따라서 성경은 인류를 위한 지혜의 보고로서 하나님의 영광에 합당하게 살아가는 방법을 가르쳐 줍니다. 성경의 권위에 복종한다는 것은 말씀을 믿고 순종하는 것으로 이것은 곧 하나님을 믿고 따르는 것을 의미합니다.

하나님을 통제할 수만 있다면 주님을 신뢰하기가 훨씬 더 쉬울 것입니다. 그러나 그럴 수 없기 때문에 우리는 하나님 말고도 필요한 목록을 너무나 자주 만들어 내곤 합니다. 주님을 '따르되' 자기만의 조건대로 따르는 것입니다.

왕이 다 빼앗아 갈 텐데도?

사무엘은 이스라엘이 왕을 요구한 대가로 얻게 될 결과를 예언하는 데 주저하지 않았습니다.

그는 이렇게 말했습니다.

> 10사무엘이 왕을 요구하는 백성에게 여호와의 모든 말씀을 말하여 11이르되 너희를 다스
> 릴 왕의 제도는 이러하니라 그가 너희 아들들을 데려다가 그의 병거와 말을 어거하게 하리
> 니 그들이 그 병거 앞에서 달릴 것이며 12그가 또 너희의 아들들을 천부장과 오십부장을 삼
> 을 것이며 자기 밭을 갈게 하고 자기 추수를 하게 할 것이며 자기 무기와 병거의 장비도 만
> 들게 할 것이며 13그가 또 너희의 딸들을 데려다가 향료 만드는 자와 요리하는 자와 떡 굽는
> 자로 삼을 것이며 14그가 또 너희의 밭과 포도원과 감람원에서 제일 좋은 것을 가져다가 자
> 기의 신하들에게 줄 것이며 15그가 또 너희의 곡식과 포도원 소산의 십일조를 거두어 자기
> 의 관리와 신하에게 줄 것이며 16그가 또 너희의 노비와 가장 아름다운 소년과 나귀들을 끌
> 어다가 자기 일을 시킬 것이며 17너희의 양 떼의 십분의 일을 거두어 가리니 너희가 그의 종
> 이 될 것이라 18그날에 너희는 너희가 택한 왕으로 말미암아 부르짖되 그날에 여호와께서
> 너희에게 응답하지 아니하시리라 하니(삼상 8:10~18).

그의 말 가운데 중요한 것은 "데려다가/가져다가"였습니다. 왕이 그들의 아들딸을 데려갈 것입니다. 그들의 땅과 작물을 가져갈 것입니다. 왕은 자신을 위해 백성들을 착취하며, 그들 인생의 황금기를 앗아 갈 것입니다.

참으로 엄청난 모순입니다. 이스라엘 백성은 자신들의 번영과 안전을 보장해 줄 왕을 원했지만, 정작 얻게 된 것은 그것들을 빼앗아 가는 왕이니 말입니다. 그들은 자신들이 통제할 수 있는 왕을 원했지만, 오히려 왕이 장악할 것입니다. 자신들이 좀 더 힘을 얻으리라 기대했는데, 실제로는 노예가 되게 생긴 것입니다!

본문으로 더 깊이

신명기 17장에서 하나님은 언젠가 왕이 하나님의 백성을 인도하게 되리라고 분명히 예견하셨습니다. 그러므로 사무엘상 8장에서 이스라엘 백성이 왕을 요구한 것이나 그 요구 배후의 사악한 동기도 놀라운 일이 아니었습니다. 그들의 죄 가득한 요구가 하나님의 계획을 바꾸었습니까? 어떤 생각이나 말이나 행동도 하나님의 예지를 피할 수 없고, 그분의 계획을 망칠 수 없습니다(욥 42:2). 또한 하나님은 '죄에도 불구하고'만이 아니라, '죄를 통해서'도 자기 계획을 완수하십니다. 하나님은 자기 영광을 위해, 또 그분을 사랑하는 자들의 유익을 위해 무엇이든 사용하실 수 있습니다.

이것이 바로 구약에서 볼 수 있는 신약의 원리입니다. 만일 하나님 외에 다른 왕을 섬기면, 그 왕이 구원해 주기는커녕 오히려 노예로 삼을 것입니다. 행복과 안전을 얻으려고 의존하는 것의 종노릇하게 될 것입니다.

예를 들어 만일 행복하기 위해 다른 사람들과 관계를 맺는다면, 어느덧 관계의 노예가 되는 것입니다. 만일 성취감을 느끼기 위해 칭찬에 매달린다면, 다른 사람 의견의 노예가 됩니다. 자신이 하는 모든 일을 다른 사람의 승인을 얻는 것에 맞추게 되고, 심지어 그에게 질투를 느끼고 분개하기까지 합니다.

스트레스를 해소하거나 편안함을 느끼기 위해 육체적인 돌파구를 찾는다면, 곧바로 종노릇하게 될 것입니다. 대부분 통제 가능한 즐거운 일탈에서 시작하지만 결국 폭군에게 휘둘리다 끝이 나고 맙니다. 일탈의 모습은 과식, 약물, 술, 외설 등 다양하지만, 그 과정은 같습니다. 지루한 일상에서 벗어나기 위해 시작하지만, 어느 순간 그것을 더 많이 탐하게 되고 결국 멈출 수 없는 지경에 이르게 됩니다.

하나님 외에 다른 것으로부터 만족감이나 안전감을 느끼는 것이 있나요?

왕이 유행이잖아요!

students

앞에서 살펴본 대로 왕을 요구하는 것은 하나님만으로 충분하지 않다고, 노예가 되겠다고 선언하는 것과 같습니다. 또한 이스라엘이 그랬던 것처럼 자신을 다른 사람과 같아지게 만드는 것입니다.

> 19백성이 사무엘의 말 듣기를 거절하여 이르되 아니로소이다 우리도 우리 왕이 있어야 하
> 리니 20우리도 다른 나라들같이 되어 우리의 왕이 우리를 다스리며 우리 앞에 나가서 우리
> 의 싸움을 싸워야 할 것이니이다 하는지라 21사무엘이 백성의 말을 다 듣고 여호와께 아뢰
> 매 22여호와께서 사무엘에게 이르시되 그들의 말을 들어 왕을 세우라 하시니 사무엘이 이
> 스라엘 사람들에게 이르되 너희는 각기 성읍으로 돌아가라 하니라(삼상 8:19~22).

students

이스라엘은 왕이 권력을 남용할 것이라는 경고를 듣고도 왕을 원했습니다. 눈에 보이는 누군가가 자신들을 이끌어 주기를 원하며, 다른 모든 나라와 구별되게 해 주는 것에서 벗어나고자 했습니다. 하나님은 권력을 남용해 부당하게 빼앗는 인간 왕과 다른, 자기 백성을 구원하기 위해 엄청난 일을 행한 사랑의 아버지이십니다. 하지만 어리석게도 이스라엘은 다른 나라처럼 되고 싶어 했습니다.

이와 마찬가지로 그리스도께 구속받은 백성이 미래에 대한 보장과 안정을 얻기 위해 세상 것을 바라본다면, 그들도 세상 사람들과 같아지게 됩니다. 자기 정체성이나 하나님과 회복된 관계에서 얻은 사랑 따위는 잊은 채 만족을 줄 것 같은 '왕'에게 매이게 됩니다. 이렇게 살아가는 그리스도인을 세상 사람과 구분하기는 매우 어렵습니다.

그리스도와의 연결

students

우리 앞에는 이스라엘이 택하지 않았던 믿음을 택할 기회가 있고, 참고할 증거가 더 많이 있습니다. 신실하신 하나님에 관한 역사, 즉 믿음 없는 인간에게 베푸신 하나님의 은혜에 관한 많은 이야기가 있습니다.

하지만 그 가운데서 가장 중요한 것은 우리에게 십자가가 있다는 사실입니다. 우리를 향한 하나님의 사랑과 신실을 보여 주는 십자가 말입니다. 우리가 섬길 왕은 만왕의 왕이신 하나님 한 분뿐입니다. 이것을 알기 위해서는 하나님이 우리를 위해 자신을 쏟아부으신 십자가를 바라봐야 합니다. 갈보리에서 하나님은 우리를 향한 주님의 긍휼이 우리의 상상을 초월하는 것임을 입증하셨습니다. 주님만이 우리가 모든 것을 맡길 만한 왕이심을 단번에 증명하셨습니다.

YOUR STORY

5~10분

하나님이 들려주시는 이야기는 오늘을 사는 나와 늘 연결되어 있습니다. 아래 질문에 답하면서 성경 이야기가 내 이야기와 어떻게 연결되는지 생각해 봅시다.

▶ **그토록 바라던 것을 마침내 얻었음에도 만족스럽지 않았거나 그 만족감이 오래 지속되지 않았던 적이 있나요? 우리의 기대감을 만족시켜 주리라고 여겼던 것들로 어떤 것들이 있었나요?**

이 질문에 관한 대답은 다양할 것입니다.

▶ **이것을 하면 무언가를 얻을 수 있을 것이라고 생각했지만, 오히려 기대감도 빼앗고 허무함만 남겨 준 것은 무엇이었나요?**

이것이 바로 죄가 행하는 일입니다. 기쁨을 약속하지만, 결국 고통과 공허함을 줄 뿐입니다. 중독이나 건강하지 않은 관계 등에 빠지는 죄에 관해 생각해 보게 하십시오.

▶ **왜 우리는 유일하고 참된 사랑의 왕 대신 '그보다 못한 왕'을 의지하곤 할까요?**

이 질문에 관한 대답은 다양할 것입니다. 초신자들은 단지 참된 왕을 섬기기만 해도 오는 영원한 기쁨과 성취감을 알지 못하기 때문에 '그보다 못한 작은 왕'을 향해 돌아설지도 모릅니다. 한편 참된 왕을 섬기는 즐거움을 알고 있는 사람이 '그보다 못한 작은 왕'에게 돌아서는 일은 대부분 그들 마음속에 남아 있는 죄에 맞서 싸워야 하는 연약한 순간에 일어납니다.

▶ **'그보다 못한 왕'에 혹하거나 그에게 복종하는 것은 그리스도인의 거룩함을 어떻게 해칠까요?**

'거룩함'이란 따로 떨어져 구별됨을 의미합니다. 하나님은 자기 백성에게 거룩하라고 말씀하시면서 그들이 도덕적으로 올바를 뿐 아니라 주변 나라와 구별되기를 바라셨습니다. 하나님 이외의 다른 것에 복종한다는 것은 주변과 같아짐으로써 그리스도인의 거룩함을 해치는 셈이 됩니다.

하나님의 이야기
하나님이 그분의 아들
예수 그리스도를 통해
우리를 구속해 주신 이야기

우리의 이야기
우리의 이야기가
하나님의 이야기와
만나는 곳

5~10분

YOUR MISSION

생각

하나님은 왕을 요구하는 것이 불순종이라고 하셨지만, 결국 허락하셨습니다. 하나님은 때때로 우리의 동기가 잘못되었다는 것을 어려운 방식으로 배워 가게 하시려고 우리의 기도에 응답해 주십니다. 바울은 말했습니다. "그러므로 하나님께서 그들을 마음의 정욕대로 더러움에 내버려 두사"(롬 1:24). 반대의 경우도 있습니다. 하나님은 때때로 우리의 기도에 응답해 주지 않으심으로써 자비를 베푸시고 우리를 보호하십니다.

- **하고 싶은 모든 것을 하는 것이 늘 좋은 것만은 아니라는 사실을 기억해야 하는 이유는 무엇일까요?**
  욕망은 다른 모든 것과 마찬가지로 타락한 인류의 영향을 받았습니다. 이 때문에 욕망은 실제로 우리를 속일 수 있고, 우리를 대적할 수도 있습니다.
- **하나님이 내가 원하는 방법으로 응답을 주지 않으셨지만 결국 은혜로 보호하시는 것을 느낀 적이 있나요?**
  이 질문에 관한 대답은 다양할 것입니다.

마음

모든 인간의 마음에는 '왕'이 있습니다. 누군가 혹은 무엇인가가 차지한 왕좌가 있습니다. 행복해지고 안전해지려면 반드시 '왕'이 있어야 한다고 여깁니다. 바울은 말했습니다. "그러나 너희가 그때에는 하나님을 알지 못하여 본질상 하나님이 아닌 자들에게 종노릇하였더니"(갈 4:8). 사람은 예외 없이 무언가를 섬기기 마련인데, 생명을 주시는 분(하나님)께 순종하거나, 죽음을 가져다주는 무언가의 노예가 되거나 둘 중 하나입니다.

- **원하는 것을 얻기 위해 하나님이 아닌 다른 어떤 것을 의지했던 적이 있나요?**
  이 질문에 관한 대답은 다양할 것입니다.
- **'그보다 못한 왕'은 왜 약속을 지키지 못할까요?**
  이 질문에 관한 대답은 다양할 것입니다.

행동

세상은 자기 삶의 퍼즐을 완성하기 위해 하나님을 찾는 사람들로 가득합니다. 믿는 사람은 하나님 안에서만 진정한 행복과 만족을 발견한다는 점에서 세상 사람과 구별됩니다. 하나님만 신뢰하는 사람의 삶은 그렇지 않은 사람의 삶과 달라질 수밖에 없습니다. 그리스도인은 세상 사람과 같아지기를 바라지 않을 뿐 아니라 복음을 세상에 전하는 증인이 되어야 합니다. 영원한 기쁨과 행복은 하나님 안에서만 발견할 수 있다는 복음을 말입니다.

- **세상 것보다 하나님을 더 즐거워한다는 것을 어떻게 분명히 보여 줄 수 있을까요?**
  이 질문에 관한 대답은 다양할 것입니다.
- **하나님을 더 즐거워하며 살아가는 것은 복음을 전하는 데 어떤 도움이 될까요?**
  사람들은 말하는 대로 기꺼이 살아가는 우리의 모습을 볼 때, 우리의 말에 더 귀 기울이는 경향이 있습니다.

다음 모임까지
사무엘상 1~8장을
읽어 보세요.

02

첫 번째 왕, 사울이 어떻게?

요 약

이 과에서는 사울 왕의 몰락과, 그가 하나님께 거역하기로 선택하는 모습을 볼 수 있습니다. 그는 하나님께 온전히 순종하지 않았습니다. 그는 하나님의 은혜보다 사람의 인정을 더 갈망하였고, 불순종이라는 죄를 합리화하고 정당화했습니다. 절반의 순종은 또 다른 형태의 불순종입니다. 하나님은 우리에게 위선적인 의의 과시를 포기하고, 그분의 목적과 계획에 온전히 순종하라고 요구하십니다.

성 경

사무엘상 15장 10~29절

HIS STORY

20~30분

포 인 트

하나님을 따르는 데 있어서 절반뿐인 순종은 불순종이다.

등 장 인 물

삼위일체 하나님(성부, 성자, 성령)

사무엘(마지막 사사, 태어나기 전부터 주님께 바쳐짐)

사울(이스라엘의 초대 왕. 하나님께 온전히 순종하지 못하고 악을 행함)

메시지 좌표

지난 과에서는 이스라엘이 왕을 요구하는 것을 봤습니다. 그들의 요구는 주님의 권위에 대한 배신으로 여길 만한 것이었습니다. 하나님은 사울을 백성의 첫 번째 왕으로 선택하심으로써 그들의 요구를 들어주셨습니다. 사울은 여러 면에서 왕의 자질을 갖춘 인물이었습니다. 위대한 군사 지도자인데다가 키도 크고 건장했습니다. 사울은 그야말로 이스라엘을 대표할 만했습니다.

사울은 이스라엘을 원만히 통치하기 시작했고, 그의 마음은 제자리에 있는 듯 보였습니다. 그러나 그는 곧 그릇된 순종을 하며 흔들리는 모습을 보이게 됩니다. 하나님의 지시를 따르긴 했지만, 온전히 따르지 않고 절반만 순종했습니다. 그의 순종은 타협이지, 전심이 아니었습니다. 절반의 순종이 그를 몰락시킬 것입니다.

도 입

5~10분

학생들을 몇 조로 나눈 후 그들이 전적으로 신뢰할 수 있는 사람을 떠올리게 하십시오. 그러고 나서 다음 질문을 가지고 그의 특성에 관해 토론하게 하십시오.

▶ 그 사람을 신뢰하게 하는 자질은 무엇입니까?
▶ 그 사람의 조언을 따르는 이유는 무엇입니까?

C. S. 루이스의 다음 글을 읽어 준 후 아래 질문으로 토론하게 하십시오. "누군가를 신뢰한다면, 그 사람이 말하는 모든 것을 하려고 노력합니다. 그 사람의 조언을 듣지 않으면서 그를 신뢰한다고 말하는 것은 아무 의미가 없습니다. 따라서 진정으로 하나님께 의탁했다면 그분께 순종하려고 노력해야 합니다."

▶ 하나님이 우리가 신뢰할 만한 분임을 증명해 주는 특성은 무엇입니까?
▶ 하나님께 순종하는 것을 망설인 적이 있나요?
▶ 하나님을 온전히 신뢰하지 못하게 막는 장애물은 무엇입니까? 어떻게 하면 하나님께 온전히 순종할 수 있을까요?

하나님의 계명은 좋은 충고 그 이상임을 설명해 주십시오. 하나님은 명령하실 때, 우리가 주님을 신뢰하고 온전히 순종하기를 기대하십니다. 부분적인 순종은 중요하지 않습니다.

도입 선택

두 명씩 한 조가 되게 한 후, 온전히 순종하지 못하는 것이 재앙과 연결될 수 있었던 성경 이야기를 찾게 합니다. 먼저, 만약 노아가 하나님의 명령에 순종하지 않았다면 인류가 어떻게 되었을지 생각해 보게 합니다. 그 외에도 만약 아담과 하와가 죄를 짓지 않았다면 어땠을지, 이스라엘 민족이 광야에서 놋 뱀을 쳐다보는 것과 쳐다보지 않는 것의 결과는 어떠했는지 예를 들어 주며 생각해 보게 해 주세요. 주어진 시간 안에 가능한 많은 이야기를 찾게 합니다. 다른 팀이 찾지 못한 이야기를 찾은 팀에게 1점을 주고, 관련 성경 구절을 찾으면 2점을 주세요. 가장 많은 점수를 얻은 팀에게 상을 줍니다.
학생들이 찾은 것 가운데 토론할 만한 이야기를 세 가지 선택해서 이야기마다 이렇게 질문합니다.

• 이 사람이 부분적으로 순종하지 않고 온전히 순종했다면, 결과가 어떻게 달라졌을까요?

하나님이 우리에게 지시하실 때 온전히 순종하기를 기대하셨음을 설명해 주십시오. 부분적인 순종은 참된 순종이 아닙니다.

순종을 제멋대로 하다니!

students

사무엘상 15장은 하나님이 사울에게 아말렉 족속을 정복하되 아무것도, 심지어 가축도 남겨 두지 말라고 명확히 명령하시는 장면으로 시작됩니다. 하지만 사울은 그 명령을 온전히 따르지 않았습니다. 아말렉 족속을 정복하기는 했지만, 하나님의 명령 몇 가지를 건너뛴 것입니다. 하나님이 사무엘에게 이 소식을 전하셨습니다.

10여호와의 말씀이 사무엘에게 임하니라 이르시되 11내가 사울을 왕으로 세운 것을 후회하

연 대 표

사울의 몰락
SAUL'S DOWNFALL
이스라엘의 첫 왕이 하나님께 불순종하다.

기름 부음받는 다윗
THE ANOINTING OF DAVID
진정한 왕이 갖추어야 할 특성.

다윗과 요나단
DAVID AND JONATHAN
'진정한 우정'이라는 선물.

다윗 언약
THE DAVIDIC COVENANT
하나님이 다윗과 그의 후손과 언약을 회복하시다.

다윗과 밧세바
DAVID AND BATHSHEBA
다윗이 죄에 빠져 회개의 기도를 드리다.

솔로몬의 지혜
THE WISDOM OF SOLOMON
솔로몬이 하나님이 주신 지혜로 유명해지다.

노니 그가 돌이켜서 나를 따르지 아니하며 내 명령을 행하지 아니하였음이니라 하신지라
사무엘이 근심하여 온 밤을 여호와께 부르짖으니라 12사무엘이 사울을 만나려고 아침에
일찍이 일어났더니 어떤 사람이 사무엘에게 말하여 이르되 사울이 갈멜에 이르러 자기를
위하여 기념비를 세우고 발길을 돌려 길갈로 내려갔다 하는지라 13사무엘이 사울에게 이
른즉 사울이 그에게 이르되 원하건대 당신은 여호와께 복을 받으소서 내가 여호와의 명령
을 행하였나이다 하니 14사무엘이 이르되 그러면 내 귀에 들려오는 이 양의 소리와 내게 들
리는 소의 소리는 어찌 됨이니이까 하니라 15사울이 이르되 그것은 무리가 아말렉 사람에
게서 끌어 온 것인데 백성이 당신의 하나님 여호와께 제사하려 하여 양들과 소들 중에서
가장 좋은 것을 남김이요 그 외의 것은 우리가 진멸하였나이다 하는지라(삼상 15:10~15).

하나님은 사울이 불순종한 소식을 사무엘에게 전하셨는데, 이 때문에 그는 밤새도록 울부짖으며 기도했고, 다음 날 아침 일찍 사울에게 달려갔습니다.

students

사무엘이 사울에게 도착했을 때, 승전 파티가 열리고 있었습니다. 사무엘은 오는 길에 사울이 사울 자신을 위해 승전 기념비를 세웠다는 말도 들었습니다. 사울은 하나님이 명확히 내리신 명령을 저버렸을 뿐만 아니라, 전쟁을 자기 것으로 왜곡하고 있었습니다.

사무엘을 본 사울은 자신의 순종을 자랑했습니다. 가축의 울음소리가 들리고 그 냄새가 진동하는 등 사울이 불순종했다는 증거가 그야말로 사방에 널려 있는데도 그는 칭찬받을 만하다는 듯 자랑스럽게 말했습니다. "보세요. 나는 주님을 온전히 따랐답니다."

사울을 보고 쉽게 머리를 내저어서는 안 됩니다. 그의 이야기가 우리에게 면죄부를 주지는 않으니 말입니다. 우리 가운데 얼마나 많은 사람이 주일 예배를 드릴 때 하나님과 아무 문제없는 듯 행동합니까? 얼마나 많은 사람이 찬양을 부르며 그럴듯하게 행세합니까? 하지만 그 와중에도 불순종의 증거가 우리를 에워싸고 있습니다. 가족이나 친구 등 우리와 가장 가까운 사람들은 우리가 하는 행동들이 마음 없이 하는 절반뿐인 순종, 즉 불순종임을 알고 있습니다.

절반뿐인 순종을 한 적이 있나요? 그 경험이 하나님께 온전히 순종하지 않는 것에 대해 어떤 교훈을 주었나요?

게다가 변명까지?

우리는 모두 자기 죄에 사로잡혀 있습니다. 이따금 위선자가 되기도 합니다. 그러나 성령님과 마주하는 것은 사느냐 죽느냐가 달린 중요한 일입니다. 사울에게는 아직 회개를 선택할 기회가 있었습니다. 하지만 그는 완고한 마음으로 자기 잘못을 합리화하기 시작했습니다.

students

사울은 가장 좋은 양과 소에 관해 이야기하면서(삼상 15:15) 자신이 앞장선 일의 책임을 백성에게 전가하려고 했습니다("그것은 백성들이 끌어온 것입니다"). 게다가 에덴동산의 아담과 하와처럼 하나님 탓으로 돌리려고 했습니다. 백성들이 하나님께 제사하기 위해 그랬다는 것입니다. 이러한 이유들이 그의 불순종을 정당화할 수 있을까요?

16사무엘이 사울에게 이르되 가만히 계시옵소서 간 밤에 여호와께서 내게 이르신 것을 왕
에게 말하리이다 하니 그가 이르되 말씀하소서 17사무엘이 이르되 왕이 스스로 작게 여길
그때에 이스라엘 지파의 머리가 되지 아니하셨나이까 여호와께서 왕에게 기름을 부어 이
스라엘 왕을 삼으시고 18또 여호와께서 왕을 길로 보내시며 이르시기를 가서 죄인 아말렉
사람을 진멸하되 다 없어지기까지 치라 하셨거늘 19어찌하여 왕이 여호와의 목소리를 청
종하지 아니하고 탈취하기에만 급하여 여호와께서 악하게 여기시는 일을 행하였나이까 20
사울이 사무엘에게 이르되 나는 실로 여호와의 목소리를 청종하여 여호와께서 보내신 길
로 가서 아말렉 왕 아각을 끌어 왔고 아말렉 사람들을 진멸하였으나 21다만 백성이 그 마땅
히 멸할 것 중에서 가장 좋은 것으로 길갈에서 당신의 하나님 여호와께 제사하려고 양과
소를 끌어 왔나이다 하는지라(삼상 15:16~21).

students

사울은 자기 명예와 자기 왕국의 위상을 위해 이와 같은 일을 한 것이 분명합니다. 그가 아각을 죽이지 않고 포로로 삼은 것은 자비를 베푸는 것이 아니었습니다. 당시에는 사로잡은 왕을 끌고 행진함으로써 '내가 정복 왕이다. 내가 왕 중의 왕이다!' 하며 과시했는데, 사울도 이처럼 백성들 앞에서 전리품을 자랑했던 것입니다. 백성들의 인정을 받고자 하는 사울의 열망은 갈수록 깊어졌습니다. 이미 살펴봤듯이, 모든 사람은 마음속에 왕 또는 갈구하는 중요한 무언가가 있으며 그것들을 통해 행복과 안전을 느끼길 원합니다.

사울에게는 '사람들의 인정'이 왕이었습니다. 명성이 그의 반란을 부추겼다고 말할 수 있습니다.

사울은 자신이 잘 해냈다고 믿었습니다. 사명을 완수했고, 하나님께 제사 드릴 가축을 풍성히 얻었을 뿐 아니라, 적국의 왕까지 포로로 사로잡았으니 말입니다. 칭송받아 마땅할까요? 아닙니다. 아무리 결과가 좋고 얻은 것이 많아도, 반대로 결과가 나쁘고 얻은 것이 없어도 불순종은 여전히 불순종입니다.

22사무엘이 이르되 여호와께서 번제와 다른 제사를 그의 목소리를 청종하는 것을 좋아하심
같이 좋아하시겠나이까 순종이 제사보다 낫고 듣는 것이 숫양의 기름보다 나으니 23이는 거
역하는 것은 점치는 죄와 같고 완고한 것은 사신 우상에게 절하는 죄와 같음이라 왕이 여호와
의 말씀을 버렸으므로 여호와께서도 왕을 버려 왕이 되지 못하게 하셨나이다 하니 24사울이
사무엘에게 이르되 내가 범죄하였나이다 내가 여호와의 명령과 당신의 말씀을 어긴 것은 내
가 백성을 두려워하여 그들의 말을 청종하였음이니이다 25청하오니 지금 내 죄를 사하고 나와
함께 돌아가서 나로 하여금 여호와께 경배하게 하소서 하니 26사무엘이 사울에게 이르되 나
는 왕과 함께 돌아가지 아니하리니 이는 왕이 여호와의 말씀을 버렸으므로 여호와께서 왕을
버려 이스라엘 왕이 되지 못하게 하셨음이니이다 하고 27사무엘이 가려고 돌아설 때에 사울
이 그의 겉옷자락을 붙잡으매 찢어진지라 28사무엘이 그에게 이르되 여호와께서 오늘 이스라
엘 나라를 왕에게서 떼어 왕보다 나은 왕의 이웃에게 주셨나이다 29이스라엘의 지존자는 거
짓이나 변개함이 없으시니 그는 사람이 아니시므로 결코 변개하지 않으심이니이다 하니 30사
울이 이르되 내가 범죄하였을지라도 이제 청하옵나니 내 백성의 장로들 앞과 이스라엘 앞에
서 나를 높이사 나와 함께 돌아가서 내가 당신의 하나님 여호와께 경배하게 하소서 하더라 31
이에 사무엘이 돌이켜 사울을 따라가매 사울이 여호와께 경배하니라(**삼상 15:22~31**).

사무엘에 따르면 부분적인 순종 역시 불순종입니다. 불행히도 많은 성도가 사울처럼 100%에 미치지 못하는 순종을 하면서도 전혀 문제의식을 느끼지 못합니다. 때로는 종교 의식으로 불순종을 숨기려는 유혹에 빠지기도 합니다. 한편으로는 불순종하면서 다른 한편으로는 제물을 바침으로써 하나님께 '보상'하려고 듭니다. 해가 되는 이성 관계를 맺고 있으면서도 다른 이에게 그리스도를 전하려 한다는 핑계로 정당화합니다.

하나님은 그분에게서 마음이 멀리 떨어져 있는 사람이라면 아무리 찬양

을 크게 불러도, 아무리 많은 헌금을 가져와도 감동하지 않으십니다. 하나님은 순종하는 마음에 감동하십니다.

그리스도와의 연결

students

사울은 하나님이 왕으로 삼아 주시기 전에는 자신이 보잘것없었음을 기억하고 하나님의 놀라운 은혜에 감사하며 살아가야 했습니다. 하지만 그는 그것을 잊고 하나님의 말씀을 듣지 않았습니다.

우주의 하나님이 우리를 위해 자신을 희생하셨습니다. "너희가 죄인이었을 때 내가 이 땅에 와서 너희를 위해 십자가에 매달렸단다." 주님이 우리를 헤아릴 수 없이 사랑하심을 깨닫는다면, 자기 이름을 떨치고 싶은 욕망에서 벗어날 수 있을 것입니다. 하나님이 주신 선물의 가치를 안다면, 죄의 권세를 깨뜨릴 수 있을 것입니다.

복음은 그리스도께서 우리를 위해 온전히 순종하셨다는 것입니다. 예수님은 우리 대신 불순종의 벌을 짊어지고 죽으셨습니다.

"순종이 제사보다 낫다"(삼상 15:22). 히브리서 저자는 히브리서 10장에서 이 구절을 인용해 예수님께 적용했습니다. 예수님은 온전히 순종하셨고, 또 자신을 희생하셨습니다. 그분의 순종으로 우리는 하나님 앞에서 인정을 받았습니다. 우리가 이 사실을 받아들인다면, 우리는 그 어떤 것보다 그분의 말씀을 중요하게 여겨야 합니다. 또한 우리가 그렇게 한다면, 우리 삶에서 불순종의 힘이 깨지고 걱정과 불만과 불안과 두려움으로부터 자유로워질 것입니다.

본문으로 더 깊이

떠나려 하는 사무엘의 겉옷을 움켜잡는 사울의 모습을 상상해 보십시오. '짝!' 사무엘이 찢어진 옷을 내려다보며 이렇게 말합니다. "하나님이 어리석은 당신에게서 왕국을 떼어 내어 당신보다 나은 이웃 사람에게 주실 것이오." 이 사람이 바로 '다윗'입니다. 다윗은 완벽한 왕은 아니었지만, 회개하는 법을 알았으며 자신뿐 아니라 하나님 나라를 위해 어떻게 회개해야 하는지 알고 있었습니다. 이때가 사울의 생애에서 결정적인 순간이었습니다. 이 시점부터 그의 서사는 하강 곡선을 그리게 됩니다. 사울은 회개하는 대신 더욱 강퍅해질 것입니다. 그 결과 하나님의 영이 그를 떠날 것입니다. 하나님이 떠나시고, 그분의 인정이 사라지자, 사울의 삶은 엄청난 공허 속에 남겨지고, 문자 그대로 질투심에 사로잡히게 됩니다. 사소한 비판에도 격렬히 분노하고, 다윗을 쫓느라 광야에서 수년을 허비하게 될 것입니다. 변함없이 자신을 예우하느라 애쓰는 한 사람을 죽이기 위해서 말입니다.

알짬 교리 99

불변하신 하나님

하나님은 언제까지나 하나님이시며 어제나 오늘이나 영원토록 동일하십니다. 하나님의 불변하심은 그리스도인에게 복된 소식입니다. 하나님이 마음을 바꾸거나 약속을 어기는 분이 아니시라는 보증이 되기 때문입니다. 그리스도인은 자신을 어둠에서 끌어내 그분의 기이한 빛 가운데로 들어가게 하신 주님이 영원까지 인도해 주실 것을 알기에 마음의 확신과 평안을 얻습니다.

YOUR STORY

5~10분

하나님이 들려주시는 이야기는 오늘을 사는 나와 늘 연결되어 있습니다. 아래 질문에 답하면서 성경 이야기가 내 이야기와 어떻게 연결되는지 생각해 봅시다.

▶ **자신이(또는 다른 사람이) 사울처럼 죄를 정당화하거나 합리화하는 것을 알아챈 적이 있습니까?**
그리스도를 전하고 있다고 믿기 때문에 믿지 않는 이성과의 관계를 정당화하는 경우, 다른 죄에 비해 경미하고 학급의 전체 성적 향상에 기여할 수 있기 때문에 숙제 정도는 베껴도 된다고 합리화하는 경우 등을 예로 들 수 있습니다.

▶ **절반뿐인 순종(뒤로 미루거나 부분적이거나 조건을 내건 순종)은 그냥 불순종일 뿐이라는 사실에 관해 생각해 본 적이 있나요? 절반뿐인 순종을 가장 많이 볼 수 있는 분야는 어디입니까?**
이 질문에 관한 대답은 다양할 것입니다.

▶ **사무엘은 하나님이 제사보다 순종을 더 기뻐하신다고 말했습니다. 별로 순종하지 않으면서 제사만 거창하게 드리는 삶의 영역은 어디입니까?**
이 질문에 관한 대답은 다양할 것입니다.

▶ **하나님의 뜻에 순종하는 데 이 과는 어떤 도전을 줍니까?**
이 질문에 관한 대답은 다양할 것입니다.

하나님의 이야기
하나님이 그분의 아들
예수 그리스도를 통해
우리를 구속해 주신 이야기

우리의 이야기
우리의 이야기가
하나님의 이야기와
만나는 곳

5~10분

YOUR MISSION

생각

죄에 직면할 때 우리는 사울과 비슷한 자신을 발견하게 됩니다. 사울처럼 자기 불순종을 합리화할 수도 있습니다. 자기 불순종을 남의 탓으로 돌리거나, 자기가 적어도 '저 녀석'만큼은 나쁘지 않다고 주장하면서 실수를 만회하려 들 수도 있습니다. 그러나 하나님은 자기 합리화가 아닌 회개를 원하십니다. 희생 제사가 아닌 순종을 원하십니다.

- **왜 사람들은 회개하기보다는 죄를 합리화하려고 할까요?**
  타락의 결과로 인간의 마음은 깨어지고 부패했기 때문에 비난을 피하기 위해 자신을 방어하는 것은 어쩌면 당연한 일입니다. 그래서 우리에게는 죄와 싸우도록 새 마음을 주시는 하나님이 필요합니다.
- **어떻게 하면 죄를 합리화하는 변명을 알아채고 사랑으로 서로 도울 수 있을까요?**
  그리스도인의 우정이 하나님을 영화롭게 하는 한 가지 방법은 애정을 담아 진리를 말해 주는 것입니다. 그것은 격려가 될 수도 있고, 충고가 될 수도 있습니다. 친구들은 우리가 날마다 그리스도를 닮아 갈 수 있도록 사각지대를 식별해 주는 존재입니다.

마음

사람의 언행은 그를 둘러싼 사람이나 환경이 아닌 그의 마음 상태에서 비롯됩니다. 사울은 자기 행동의 책임을 주변 사람에게 전가하려고 했지만, 성경은 사울의 불순종이 내적인 동기에서 비롯되었다고 분명히 말합니다. 사울은 자기 이름을 높이고 싶었던 것입니다. 이처럼 주변 사람이나 환경으로 인해 어떤 말을 하고 행동하는 것이 아닙니다. 오히려 그것들 덕분에 우리 안에 숨어 있던 진실이 드러나게 됩니다.

- **최근 자신이 했던 말과 행동을 돌아볼 때, 그것은 어떤 동기에서 비롯되었나요?**
  이 질문에 관한 대답은 다양할 것입니다.
- **이 사실은 주변 사람이나 환경을 바라보는 시각에 어떤 도전을 줍니까?**
  주변 사람이나 환경 같은 외적 요인은 말이나 행동의 원인이 아니라, 단지 우리 안에 있는 것이 드러난 것임을 깨달을 수 있도록 이끌어 주십시오.

행동

사울의 이야기는 '공허한 믿음'이 무엇인지 분명히 보여 줍니다. 공허한 믿음을 가진 사람은 자기 삶을 통제하고 싶어서 신을 매수하려고 합니다. 하나님께 복종하기 원한다고 하면서 '나중에, 부분적, 조건적'으로라는 단서를 붙입니다. 하지만 우리가 배웠다시피 이는 모두 불순종일 뿐입니다. 반면에 '진실한 믿음'이란 그리스도와의 관계를 통해 하나님께 전심을 다해 헌신하는 것입니다. 또한 하나님께 온전히 순종하는 데 날마다 실패할지라도, 그리스도 안에 있는 하나님의 사랑이 우리로 하여금 잘못을 회개하고 다시 한 번 제자의 길로 나아갈 수 있도록 힘을 주신다는 것을 믿는 것입니다.

- **복음은 어떻게 우리를 불순종의 욕구에서 벗어나게 하고, 동시에 완벽하게 순종해야 한다는 부담감에서 자유롭게 합니까?**
  복음은 해야 할 일을 하도록 마음을 변화시키며, 실패했을 때 다시 도전할 힘을 줍니다.
- **이 과는 자신이 씨름하고 있는 죄의 문제에 어떻게 반응하도록 도전을 주나요?**
  이 질문에 관한 대답은 다양할 것입니다.

다음 모임까지
사무엘상 9~16장을
읽어 보세요.

03

다윗에게 기름을 부어라

요 약

이 과에서는 하나님이 사울의 왕권을 거두신 후 무슨 일이 일어났는지 살펴볼 것입니다. 하나님은 사무엘에게 명하여 다윗에게 기름을 붓게 하셨습니다. 다윗의 이야기는 하나님이 세상의 기준대로 사람을 판단하지 않으심을 보여 줍니다. 또한 다윗과 골리앗의 전투는 주님이 구조해 주실 것을 믿는 다윗 왕의 믿음과 자기 백성을 위해 결정적인 승리를 성취하시는 하나님의 신실하심을 보여 주는 예입니다. 하나님의 백성은 자신들 편에서 적을 물리쳐 줄 전사 같은 왕이 필요했습니다. 다윗의 이야기에서 우리는 하나님을 위해 불타는 마음으로 순종하는 본보기를, 즉 우리에게 필요한 약속의 왕을 엿볼 수 있습니다.

성 경

사무엘상 16장 1~13절; 17장 20~26, 33~37, 45~51절

HIS STORY

20~30분

포 인 트

하나님은 그분의 마음을 따르며 백성을 위해 싸울 왕을 찾으신다.

등 장 인 물

삼위일체 하나님(성부, 성자, 성령)

사무엘(마지막 사사, 태어나기 전부터 주님께 바쳐짐)

다윗(이새의 막내아들. 사울에 이어 왕이 되도록 기름 부음받음. 하나님께 순종하는 성품의 소유자. 골리앗을 물리침)

골리앗(블레셋 군대의 무적의 용사. 주님의 군대를 조롱해 다윗에게 죽임을 당함)

메시지 좌표

지난 과에서는 이스라엘의 첫 번째 왕 사울이 하나님의 기준이나 백성의 기대에 부응하지 못하게 되는 과정을 살펴봤습니다. 사무엘이 사울의 불순종 현장을 마주한 사무엘상 중반부터 이야기의 중심이 '사울'에서 '다윗'으로 넘어갑니다.

우리는 다윗을 양치기로 처음 만나게 되는데, 왕이 되리라고 그 누구도 예상하지 못했던 소년이었습니다. 그는 평범한 양치기였으나, 하나님을 신뢰하며 승리해 내는 왕이 될 것입니다. 거인을 거꾸러뜨린 소년 영웅 다윗은 성경에서 가장 유명한 인물 중 한 명이 될 것입니다.

도 입

5~10분

학생들이 사울의 불순종을 기억할 수 있도록 지난 과를 간단히 복습하십시오. 사울은 이스라엘을 다스리도록 하나님이 기름 부으신 왕이었습니다. 하나님은 사울에게 사명을 주셨는데, 아말렉 족속을 완전히 멸망시키는 것이었습니다. 하지만 사울은 아말렉 왕을 가두고 자신을 위해 가축을 남겼습니다. 사울은 하나님의 명령에 온전히 순종하지 않았습니다. 사울은 하나님에게서 멀어졌고, 하나님은 그를 왕의 자리에서 버리셨습니다. 하나님은 새 왕을 세우시는데, 훗날 하나님의 마음에 맞는 자라고 일컬어지게 될 사람입니다.
복습을 마친 후 조를 나누어 다음 질문을 놓고 토론하게 하십시오.

- 하나님의 명령을 따르기를 거부하는 왕에게서 볼 수 있는 특성은 무엇입니까? 경건한 왕에게서 볼 수 있는 자질은 무엇입니까?
- 하나님의 마음을 나타내는 왕을 둔다는 것은 무엇을 의미합니까?
- 오늘날 사람들은 어떤 식으로 하나님에게서 멀어집니까?
- 하나님의 마음은 우리 삶에서 어떤 모습으로 나타납니까?

다윗은 사무엘에게 기름 부음받은 차기 왕이지만, 더 중요한 것은 다윗의 계보에서 영원하신 왕이 나온다는 것임을 설명해 주십시오. 그분은 하나님 마음에 맞는 정도가 아니라 하나님의 아들 되시는 예수님입니다.

도입 선택

학생들에게 인터넷을 이용해 지도력과 관련된 명언을 찾게 하십시오. 검색어를 다양하게 입력할 수 있도록 조언해 주세요. 좋아하는 지도자를 떠올리고 그들이 한 말을 찾아보도록 권하십시오. 그 가운데 마음에 드는 명언을 세 개씩 제출하게 합니다(전체 학생 수에 맞춰 개수를 정하세요).
명언을 크게 읽고 왜 마음에 들었는지 발표하게 합니다. 이때 하나님의 마음을 나타내는 부분이 있다면 이야기해 주십시오. 나아가 온 마음과 뜻과 정성을 다해 하나님을 사랑하는 것이 어떻게 이웃을, 혹은 자신이 지도자로서 섬겨야 하는 사람을 사랑하는 것으로 이어질 수 있는지 알려 주십시오.

하나님의 안목은 달라!

students

이야기는 사울의 죄로 인해 깊은 고뇌에 빠진 사무엘 선지자로부터 시작됩니다. 사무엘은 사울에게 기름을 부어 주었고, 그가 잘해 낼 거라고 믿었습니다. 그러나 사울은 사무엘의 기대를 무너뜨렸습니다. 사울은 자기 자신에게만 푹 빠져 있었던 것입니다. 그의 죄는 사무엘을 슬프게 했습니다.

하나님은 사무엘을 보내 이스라엘의 다음 왕을 찾게 하셨습니다. 이 임무를 수행하기 위해 사무엘은 공동체 각 구성원이 자신을 하나님께 헌신하는 희생 제사를 드리게 했습니다. 이로써 사무엘은 이새의 아들들을 살펴볼 수 있는 완벽한 기회를 갖게 되었습니다.

연 대 표

기름 부음받는 다윗
THE ANOINTING OF DAVID
진정한 왕이 갖추어야 할 특성.

다윗과 요나단
DAVID AND JONATHAN
'진정한 우정'이라는 선물.

다윗 언약
THE DAVIDIC COVENANT
하나님이 다윗과 그의 후손과 언약을 회복하시다.

다윗과 밧세바
DAVID AND BATHSHEBA
다윗이 죄에 빠져 회개의 기도를 드리다.

솔로몬의 지혜
THE WISDOM OF SOLOMON
솔로몬이 하나님이 주신 지혜로 유명해지다.

잠언의 지혜
THE WISDOM OF PROVERBS
솔로몬이 지혜를 따라 사는 법을 가르치다.

사무엘상 16장 1~13절에는 이새라는 사람이 사무엘 앞에 일곱 아들을 차례대로 선보이는 장면이 나옵니다. 엘리압은 이새의 큰아들이었기 때문에 가장 먼저 앞으로 나와 왕으로서의 가능성을 선보였습니다. 사무엘은 엘리압을 보자마자 그가 하나님이 선택하신 사람이라고 생각했습니다. 잘생긴 데다 키도 크고 건장했기 때문입니다. 왕이 되기에 충분한 인물로 보였지만, 하나님은 별다른 인상을 받지 못하셨습니다. 하나님에게 엘리압의 외모나 키나 풍채는 중요하지 않았습니다.

이새가 선보인 일곱 아들이 차례대로 거절당했습니다. 외적으로는 충분한 자격을 갖춘 것처럼 보였지만, 하나님은 그들의 마음을 달아 보셨고 그분의 기준에 그들은 미치지 못했습니다. 이새는 아들들을 차례대로 내보냈고, 사무엘은 그들을 차례대로 거절했습니다.

이새의 일곱 아들을 모두 거절한 사무엘이 그에게 다른 아들이 남아 있는지 물었습니다. 다음을 보십시오.

> 10이새가 그의 아들 일곱을 다 사무엘 앞으로 지나가게 하나 사무엘이 이새에게 이르되 여호와께서 이들을 택하지 아니하셨느니라 하고 11또 사무엘이 이새에게 이르되 네 아들들이 다 여기 있느냐 이새가 이르되 아직 막내가 남았는데 그는 양을 지키나이다 사무엘이 이새에게 이르되 사람을 보내어 그를 데려오라 그가 여기 오기까지는 우리가 식사 자리에 앉지 아니하겠노라 12이에 사람을 보내어 그를 데려오매 그의 빛이 붉고 눈이 빼어나고 얼굴이 아름답더라 여호와께서 이르시되 이가 그니 일어나 기름을 부으라 하시는지라 13사무엘이 기름 뿔병을 가져다가 그의 형제 중에서 그에게 부었더니 이날 이후로 다윗이 여호와의 영에게 크게 감동되니라 사무엘이 떠나서 라마로 가니라(삼상 16:10~13).

students

마침내 사무엘이 막내아들에 관해 물었습니다. 다윗은 양치기였는데, 이는 이스라엘에서 인기 있는 직업이 아니었습니다. 게다가 이새조차 막내아들 다윗이 왕이 되리라고 생각하지 못했을 만큼 그는 형제 중에 가장 작은 자였습니다. 이는 다윗을 가장 잘 아는 사람들에게도 그가 외적으로는 별로 인상적이지 않았음을 의미합니다. 하지만 그가 바로 하나님이 택하신 사람이었습니다!

이제 다윗은 특별한 삶을 살아가게 될 것입니다. 우리가 놓치지 말아야 할 진리는 그의 삶에서 일어난 특별한 사건들이 그의 평범함에도 불구하고 가능했다는 것입니다. 다윗은 비범하신 하나님의 능력에 접근할 수 있었는데, 이것은 자신을 비범하게 여기지 않았기 때문에 가능했습니다. 자신의 위대함을 전적으로 확신했던 사울과는 대조를 이루는 부분입니다. 이로 인해 사울은 하나님의 영에서 멀어졌고, 결국 왕의 자리에서 쫓겨나게 되었습니다.

왜 하나님은 이새의 아들 중에서 다윗을 다음 왕으로 택하셨을까요?

하나님의 백성을 위해 싸워라!

students

사무엘상 17장에서 이새가 다윗을 전장에 있는 그의 형제들에게 보내 안부를 전하는 장면을 살펴보겠습니다. 다윗은 짐을 꾸려서 자신이 돌보던 양들을 떠나야 했습니다. 그곳에서 다윗은 주변 사람들의 부정적인 말에도 불구하고 골리앗을 무너뜨리기 위해 나섰습니다. 그는 기름 부음받은 왕으로서 하나님의 능력을 신뢰했습니다. 게다가 양을 치면서 실전 같은 훈련을 쌓았던 터라 사자나 곰에 비하면 골리앗은 그리 위협적인 상대가 아니었습니다.

> 20다윗이 아침에 일찍이 일어나서 양을 양 지키는 자에게 맡기고 이새가 명령한 대로 가지
> 고 가서 진영에 이른즉 마침 군대가 전장에 나와서 싸우려고 고함치며, 21이스라엘과 블레
> 셋 사람들이 전열을 벌이고 양군이 서로 대치하였더라 22다윗이 자기의 짐을 짐 지키는 자
> 의 손에 맡기고 군대로 달려가서 형들에게 문안하고 23그들과 함께 말할 때에 마침 블레셋
> 사람의 싸움 돋우는 가드 사람 골리앗이라 하는 자가 그 전열에서 나와서 전과 같은 말을
> 하매 다윗이 들으니라 24이스라엘 모든 사람이 그 사람을 보고 심히 두려워하여 그 앞에서
> 도망하며 25이스라엘 사람들이 이르되 너희가 이 올라 온 사람을 보았느냐 참으로 이스라
> 엘을 모욕하러 왔도다 그를 죽이는 사람은 왕이 많은 재물로 부하게 하고 그의 딸을 그에게
> 주고 그 아버지의 집을 이스라엘 중에서 세금을 면제하게 하시리라 26다윗이 곁에 서 있는
> 사람들에게 말하여 이르되 이 블레셋 사람을 죽여 이스라엘의 치욕을 제거하는 사람에게
> 는 어떠한 대우를 하겠느냐 이 할례 받지 않은 블레셋 사람이 누구이기에 살아 계시는 하
> 나님의 군대를 모욕하겠느냐(삼상 17:20~26).

골리앗을 무너뜨리겠다는 자가 나타났다는 말이 사울 왕에게 전해졌습니다. 하지만 다윗을 본 사울은 다윗의 형제들과 비슷한 반응을 보였습니다.

> 33사울이 다윗에게 이르되 네가 가서 저 블레셋 사람과 싸울 수 없으리니 너는 소년이요 그
> 는 어려서부터 용사임이니라 34다윗이 사울에게 말하되 주의 종이 아버지의 양을 지킬 때
> 에 사자나 곰이 와서 양 떼에서 새끼를 물어가면 35내가 따라가서 그것을 치고 그 입에서 새
> 끼를 건져내었고 그것이 일어나 나를 해하고자 하면 내가 그 수염을 잡고 그것을 쳐죽였나
> 이다 36주의 종이 사자와 곰도 쳤은즉 살아 계시는 하나님의 군대를 모욕한 이 할례 받지
> 않은 블레셋 사람이리이까 그가 그 짐승의 하나와 같이 되리이다 37또 다윗이 이르되 여호
> 와께서 나를 사자의 발톱과 곰의 발톱에서 건져내셨은즉 나를 이 블레셋 사람의 손에서도
> 건져내시리이다 사울이 다윗에게 이르되 가라 여호와께서 너와 함께 계시기를 원하노라
> (삼상 17:33~37).

오늘날 많은 사람이 이 이야기를 약자의 비유로 사용합니다. '자기 자신을 믿기만 하면 어떤 상황도 이겨 낼 수 있다!' 하지만 하나님은 이 이야기를 읽고 마음먹은 대로 무엇이든 이룰 수 있다는 확신을 가지고 건방지게 나서기를 바라지 않으십니다. 물론 다윗이 매우 불리한 상황을 어떻게 이겨 냈는지, 그의 용기를 보고 통찰력을 얻을 수 있습니다. 하지만 이것이 이 이야기의 핵심은 아닙니다.

다윗과 골리앗의 전투 장면은 전쟁의 전형을 보여 줍니다. 두 사람이 맞붙는 것이 아니라, 이스라엘과 블레셋이 한판 붙는 것이었습니다. 게다가 이스라엘과 블레셋의 전투는 다윗과 골리앗이 서로 도발하며 말한 대로 그들이 믿는 신들의 전쟁이기도 했습니다. 그래서 다윗이 승리했을 때, 온 이스라엘이 그와 함께 기쁨을 나눴습니다. 실제로 그들이 한 일은 아무것도 없었는데도 말입니다.

> 45다윗이 블레셋 사람에게 이르되 너는 칼과 창과 단창으로 내게 나아 오거니와 나는 만군
> 의 여호와의 이름 곧 네가 모욕하는 이스라엘 군대의 하나님의 이름으로 네게 나아가노라
> 46오늘 여호와께서 너를 내 손에 넘기시리니 내가 너를 쳐서 네 목을 베고 블레셋 군대의
> 시체를 오늘 공중의 새와 땅의 들짐승에게 주어 온 땅으로 이스라엘에 하나님이 계신 줄
> 알게 하겠고 47또 여호와의 구원하심이 칼과 창에 있지 아니함을 이 무리에게 알게 하리라

전쟁은 여호와께 속한 것인즉 그가 너희를 우리 손에 넘기시리라 48블레셋 사람이 일어나
다윗에게로 마주 가까이 올 때에 다윗이 블레셋 사람을 향하여 빨리 달리며 49손을 주머니
에 넣어 돌을 가지고 물매로 던져 블레셋 사람의 이마를 치매 돌이 그의 이마에 박히니 땅
에 엎드러지니라 50다윗이 이같이 물매와 돌로 블레셋 사람을 이기고 그를 쳐죽였으나 자
기 손에는 칼이 없었더라 51다윗이 달려가서 블레셋 사람을 밟고 그의 칼을 그 칼 집에서 빼
내어 그 칼로 그를 죽이고 그의 머리를 베니 블레셋 사람들이 자기 용사의 죽음을 보고 도
망하는지라(삼상 17:45~51).

그리스도와의 연결

students

우리는 우리를 악에서 구할 존재가 필요하다는 점에서 이스라엘 백성과 비슷한 처지에 있습니다. 우리는 사탄, 죄, 죽음의 위협을 외면하고 장막에 숨은 이스라엘 백성과 같습니다. 이스라엘처럼 우리에게도 우리를 대신해 악을 물리칠 대표자가 필요합니다. 이 이야기는 하나님이 또 다른 결정적인 승리를 거둘 다른 왕을 세우기 위해 닦으신 길을 보여 줍니다. 만왕의 왕 예수님이 자기 죽음과 부활을 통해 뱀을 처단하고 백성을 죄와 사망에서 건져 주실 것입니다.

다윗의 이야기에서 우리는 하나님의 능력을 신뢰하고 용기 있게 순종하는 본보기를 보게 됩니다. 또한 성경의 큰 그림을 보게 되는데, 아무도 승리하리라 기대하거나 선택하지 않았지만 자기 죽음과 부활을 통해 거뜬히 이기실 왕이 오고 계시다는 것입니다.

알짬 교리 99

왕이신 그리스도

하나님은 하늘에서나 땅에서나 과거 영원에서부터 언제나 자기 왕국을 통치하는 왕이십니다. 그런데 두 영역에서 피조물 가운데 일부가 그분을 거슬러 반역했으며, 그 여파로 세상이 파괴되었습니다. 자신의 무너진 세상을 회복하기 위해 하나님은 자기 백성을 구원하고, 모든 피조물을 회복시킬 왕을 약속하셨습니다. 장차 오실 왕의 약속은 예수 그리스도 안에서 성취되었으며, 예수님이 자신의 신부인 교회를 위해 다시 오실 때 언약이 완전히 성취될 것입니다.

YOUR STORY

5~10분

하나님이 들려주시는 이야기는 오늘을 사는 나와 늘 연결되어 있습니다. 아래 질문에 답하면서 성경 이야기가 내 이야기와 어떻게 연결되는지 생각해 봅시다.

▶ **영향력 있는 지도자가 될 사람에게 갖는 일반적인 기대는 무엇입니까?**
우리 문화는 외모를 중시하는 경향이 있습니다. 또 외향적인 사람이 내성적인 사람보다 더 유리한 위치에 있다고도 생각합니다. 그러나 하나님은 사람의 내면에 더 많은 관심을 가지시며, 자기 영광과 다른 사람의 유익을 위해 모든 종류의 성격을 사용하십니다.

▶ **외모나 사회적 지위만 보고 사람을 섣불리 판단한 적이 있습니까? 그 경험은 다른 사람을 그릇 판단하는 데 관해 어떤 경고를 줍니까?**
이 질문에 관한 대답은 다양할 것입니다.

▶ **'하나님은 중심을 보신다'라는 진리가 어떤 면에서 좋은 소식인 동시에 나쁜 소식입니까?**
외적인 기준에 따라 판단 받지 않는다는 점에서 한편으로는 좋은 소식입니다. 그러나 우리 모두에게는 죄가 있으니 새로워질 필요가 있다는 점에서 한편으로는 나쁜 소식입니다. 예수님이 우리의 죄를 용서하셨다는 것을 믿을 때, 하나님이 우리의 마음을 새롭게 하신다는 것이 복음입니다.

▶ **다윗과 골리앗의 이야기에서 이전과 다른 새로운 교훈을 배웠습니까? 하나님은 그리스도를 따르는 사람을 어떻게 빚어 가시나요?**
이 질문에 관한 대답은 다양할 것입니다.

하나님의 이야기
하나님이 그분의 아들
예수 그리스도를 통해
우리를 구속해 주신 이야기

우리의 이야기
우리의 이야기가
하나님의 이야기와
만나는 곳

5~10분

YOUR MISSION

생 각

이 이야기에서 진짜 거인은 골리앗과 블레셋 군대 앞에서 떨던 이스라엘 백성의 마음에 군림한 불신앙입니다. 불행히도 우리는 너무 자주 엘리압처럼 굽니다. 공동체와 세상에 복음을 전하겠다는 다른 그리스도인의 원대한 비전을 비웃는 것입니다. 이런 태도 대신, 다윗처럼 하나님이 자기 백성에게 강하게 역사하신다는 태도를 보인다면, 이 세상이 어떻게 달라질까요?

- **하나님의 능력을 신뢰하지 못했던 어려운 순간에 관해 이야기를 나누십시오.**
  이 질문에 관한 대답은 다양할 것입니다.
- **이런 어려움에 처한 친구들이 담대히 하나님의 능력을 믿고 나아갈 수 있도록 어떻게 격려할 수 있을까요?**
  다른 사람과 같이 기도하기, 하나님의 말씀에서 특별한 진리와 약속을 일깨우기, 하나님의 성품과 목적을 확신시키기 등을 예로 들 수 있습니다.

마 음

다윗은 중요한 능력과 자질을 그가 양 치던 초원에서 배웠습니다. 그곳에서 용기를 길렀고, 사자와 곰으로부터 양 떼를 지켜 냈으며, 양 떼를 씻기고 돌보며 겸손을 배웠습니다. 초원은 궁전과 달리, 정직한 마음과 약한 자를 돌보는 태도를 기를 수 있는 곳입니다. 우리는 하나님이 거처와 초원을 예비하시고, 그곳에서 우리를 매만지신다는 사실을 잊어서는 안 됩니다. 초원을 무시하거나 고난을 억울하게 여겨서는 안 됩니다. 이곳은 하나님을 더욱 신뢰하도록 우리를 단련시키시는 하나님의 작업실이기 때문입니다.

- **당신이 경험했던 '초원'은 무엇이었나요?**
  이 질문에 관한 대답은 다양할 것입니다.
- **초원 경험을 통해 하나님을 더욱 신뢰하게 된 과정은 어떠했나요?**
  이 질문에 관한 대답은 다양할 것입니다.

행 동

우리는 그리스도와의 관계를 통해 새 마음과 변화된 성품을 받았습니다. 우리는 이 모습으로 주변 사람에게 자신이 받은 변화를 드러내며 하나님 나라의 소망을 전해야 합니다. 다윗이 하나님의 이름과 영광을 위해 전투했듯, 우리도 다른 사람들을 그리스도의 위대한 이름과 영광으로 인도하며 그리스도와 그분의 구원을 중대시해야 합니다.

- **이 과에서 도전 받은 내용은 무엇입니까?**
  이 질문에 관한 대답은 다양할 것입니다.
- **이번 한 주 동안 어떤 방법으로 예수님을 높여 드리겠습니까?**
  학교에서 최선을 다함으로써 하나님을 영화롭게 하기, 친구에게 복음 나누기 등을 예로 들 수 있습니다.

다음 모임까지
사무엘상 17~20장; 21~24장; 시편 59편; 91편을 읽어 보세요.

04

요나단, 신실한 친구여!

요 약

이 과에서는 성경에 나오는 가장 훌륭한 우정의 사례, 다윗과 요나단의 이야기를 살펴볼 것입니다. 요나단은 친구의 안녕을 위해 전적으로 헌신하고, 그를 위해 위험을 무릅쓰며, 믿음으로 그의 힘을 북돋워 줌으로써 참된 친구가 무엇인지 보여 주었습니다. 요나단은 우리에게 가장 참되고 좋은 친구인 예수 그리스도를 가리키는 본보기이기도 합니다. 예수님은 우정의 의미를 재정의해 주시며 또한 우리를 새사람으로 변화시켜서 그리스도 안에 있는 형제자매들에게 참된 친구가 될 수 있게 해 주십니다.

성 경

사무엘상 18장 1~3절; 19장 1~7절; 23장 15~18절

HIS STORY

20~30분

포 인 트 하나님의 백성에게는 경건한 우정이 필요하다.

등 장 인 물 삼위일체 하나님(성부, 성자, 성령)

다윗(이새의 막내아들. 사울에 이어 왕이 되도록 기름 부음받음. 하나님께 순종하는 성품의 소유자. 골리앗을 물리침)

요나단(사울의 아들. 다윗의 절친한 친구. 친구를 위해 자신을 희생함. 다윗의 왕권을 인정함)

메시지 좌표 사울 왕을 이어 다윗 왕이 이스라엘을 다스린 이야기 사이에 믿기 힘든 놀라운 우정 이야기가 놓여 있습니다. 사울의 아들 요나단과 다윗의 이야기는 진정한 친구의 참된 특성뿐 아니라, 복음을 통해 나눌 수 있는 우정을 엿보게 해 줍니다.

도 입

5~10분

불과 20여 년 전만 해도 누군가가 수백, 수천 명의 '친구'가 있다고 말한다면 (오만한 것은 말할 것도 없고) 과장이 지나치다고 여겼을 것입니다. 그러나 오늘날 페이스북 계정을 가진 사람들을 보면 이것은 결코 과장이 아닙니다.

이처럼 오늘날 우리는 과거 어느 때보다 많은 친구를 가지고 있습니다. 그런데 실제로는 그렇지가 않습니다. 그들은 어떤 종류의 '친구'입니까? 페이스북 친구를 5,000명 두고 있다고 해도 그들 중 절반 이상을 모를 수 있습니다. 그의 '친구' 역시 그를 모를 수 있습니다.

우리 시대의 문제는 주변에 사람이 적다는 것이 아닙니다. 사람들과 늘 마주치니 말입니다. 중요한 것은 진정한 친구가 있느냐는 것입니다. 우리는 지나칠 정도로 서로 연결되어 있으면서도 그 관계가 놀랄 만큼 피상적입니다. 이로 인한 우정에 관한 개념의 혼돈은 가까운 친구들과의 관계에까지 영향을 미쳐서 다른 모든 관계들은 말할 것도 없이 피상적으로 머물게 만들어 버렸습니다.

▸ 어린 시절 가장 친했던 친구는 누구입니까? 그 친구와 어떻게 가까워지게 되었습니까?

▸ 앞으로 어떤 친구를 사귀고 싶습니까? 깊은 우정을 쌓으려면 어떻게 해야 할까요?

도입 선택

페이스북 '친구' 수와 관련된 주제로 이야기를 나누십시오. 그러고 나서 다음 질문을 던지십시오.

- *페이스북 친구 중 가장 친한 친구는 누구인가요? 단, 딱 한 사람만 선택해야 합니다.*
- *'친한 친구', '좋은 친구', '알고만 지내는 사이' 등의 등급으로 나눈다면 어떻게 되나요?*
- *오프라인 친구들은 어떤 등급에 들어가나요?*

이 활동의 목적은 학생들이 여러 차원의 우정을 이해할 수 있도록 돕기 위한 것입니다. 이를 통해 다른 사람과 더 깊은 우정을 맺을 수 있는 요소를 발견할 수 있습니다. 발견한 요소를 삶에서 경건한 관계를 키워 가기 위한 본보기로 삼을 것을 조언해 주십시오.

왕관보다 친구가 더 소중해

지금까지 다윗이 어떻게 사무엘에게 기름 부음을 받고, 지상에서 가장 위대한 전사인 골리앗과 싸웠는지 살펴봤습니다. 다윗은 작은 돌멩이 하나로 거인을 넘어뜨렸습니다. 그 후 수 세기 동안 다윗은 약자가 승리하는 이야기의 대명사가 되었습니다.

students

승리를 거둔 다윗이 국민 영웅으로 칭송받자 사울의 염려가 시작되었습니다. "친구를 가까이하되 적은 더 가까이하라." 사울은 다윗을 왕궁에 두기로 했고, 다윗은 '왕궁 연금' 상태에서 요나단과 만났습니다. 당시 왕실의 가계를 조금만 알면 다윗과 요나단의 우정이 진실하다는 것을 확인할 수 있습니다. 사울 왕의 맏아들 요나단은 왕위를 계승할 서열 1위였고, 다윗은 하나님이 다음 왕으로 선포하며 기름 부으신 사람이었습니다. 그러면 다윗과

연 대 표

다윗과 요나단
DAVID AND JONATHAN
'진정한 우정'이라는 선물.

다윗 언약
THE DAVIDIC COVENANT
하나님이 다윗과 그의 후손과 언약을 회복하시다.

다윗과 밧세바
DAVID AND BATHSHEBA
다윗이 죄에 빠져 회개의 기도를 드리다.

솔로몬의 지혜
THE WISDOM OF SOLOMON
솔로몬이 하나님이 주신 지혜로 유명해지다.

잠언의 지혜
THE WISDOM OF PROVERBS
솔로몬이 지혜를 따라 사는 법을 가르치다.

성전 건축
THE BUILDING OF THE TEMPLE
솔로몬이 성전을 세우고, 하나님이 그곳을 자신의 임재로 채우시다.

요나단은 경쟁 관계가 아닌가요? 하지만 이 이야기에서 그들은 요나단이 다윗을 자기 생명같이 사랑해 더불어 언약을 맺을 정도의 친한 친구가 되었습니다.

> 1다윗이 사울에게 말하기를 마치매 요나단의 마음이 다윗의 마음과 하나가 되어 요나단이
> 그를 자기 생명같이 사랑하니라 2그날에 사울은 다윗을 머무르게 하고 그의 아버지의 집
> 으로 다시 돌아가기를 허락하지 아니하였고 3요나단은 다윗을 자기 생명같이 사랑하여 더
> 불어 언약을 맺었으며(삼상 18:1~3).

부모와 자식 간의 헌신을 생각해 봅시다. 어머니는 무슨 일이 있어도 자녀를 사랑하고 보살피며, 자신보다 자녀의 필요를 우선시합니다. 특히 자녀가 태어나고 처음 몇 년간은 사심 없이 희생적인 사랑을 부어 줍니다. 그러나 자녀에게는 어머니의 사랑에 보답할 능력이 없습니다. 그래도 어머니는 자녀에게 사랑을 계속 쏟아 붓습니다. 좋은 부모에게서 찾아볼 수 있는 끝없는 사랑의 자세인 '내가 언제나 너와 함께할게' 식의 사랑이 다윗과 요나단의 우정에서도 보입니다. 무슨 일이 있더라도 결코 떨어지지 않는 형제처럼 다윗과 요나단은 서로를 위해 헌신합니다. 요나단은 자신을 사랑하는 것처럼 다윗을 사랑했는데 그는 훗날 예수님이 명하신 일을 성취한 셈입니다. "무엇이든지 남에게 대접을 받고자 하는 대로 너희도 남을 대접하라"(마 7:12), "네 이웃을 네 자신같이 사랑하라"(마 22:39).

다윗과 요나단처럼 우정에 헌신할 수 있을까요?
친구를 자신처럼 사랑한다면 관계가 어떻게 달라질까요?

언제나 네 곁에 있어

students

언약이란 아름다운 형태의 헌신이지만, 비싼 대가를 요구합니다. 인간적인 기준에서 보면, 다윗과 맺은 언약에서 요나단은 아무것도 얻을 것이 없고 오히려 가진 것의 거의 전부를 내놓아야 했습니다. 하지만 상황이 어려워졌을 때조차 요나단은 우정의 언약을 입증해 보였습니다. 다윗이 역경에 처해

도, 죽음의 문턱에 있어도, 사방이 불리해도 요나단은 거기 있었습니다.

> 1사울이 그의 아들 요나단과 그의 모든 신하에게 다윗을 죽이라 말하였더니 사울의 아들
> 요나단이 다윗을 심히 좋아하므로 2그가 다윗에게 말하여 이르되 내 아버지 사울이 너를
> 죽이기를 꾀하시느니라 그러므로 이제 청하노니 아침에 조심하여 은밀한 곳에 숨어 있으
> 라 3내가 나가서 네가 있는 들에서 내 아버지 곁에 서서 네 일을 내 아버지와 말하다가 무엇
> 을 보면 네게 알려 주리라 하고 4요나단이 그의 아버지 사울에게 다윗을 칭찬하여 이르되
> 원하건대 왕은 신하 다윗에게 범죄하지 마옵소서 그는 왕께 득죄하지 아니하였고 그가 왕
> 께 행한 일은 심히 선함이니이다 5그가 자기 생명을 아끼지 아니하고 블레셋 사람을 죽였
> 고 여호와께서는 온 이스라엘을 위하여 큰 구원을 이루셨으므로 왕이 이를 보고 기뻐하셨
> 거늘 어찌 까닭 없이 다윗을 죽여 무죄한 피를 흘려 범죄하려 하시나이까 6사울이 요나단
> 의 말을 듣고 맹세하되 여호와께서 살아 계심을 두고 맹세하거니와 그가 죽임을 당하지 아
> 니하리라 7요나단이 다윗을 불러 그 모든 일을 그에게 알리고 요나단이 그를 사울에게로
> 인도하니 그가 사울 앞에 전과 같이 있었더라(삼상 19:1~7).

하나님은 우리에게 우리를 위해 자기 평판이나 안위나 안녕을 기꺼이 감수하는 친구가 필요하다는 것을 아십니다. 하지만 그런 친구를 갖는 것과 그런 친구가 되어 주는 것은 별개의 일입니다.

친구야, 우리에겐 하나님이 계시잖아

이야기가 계속되면서, 결국 다윗은 사울 왕을 피해 달아나는 신세가 되었습니다. 그는 살아남기 위해 광야로 도망쳐 동굴에서 동굴로 옮겨 다니며 떠돌았습니다. 사울이 다윗을 무섭게 추적하는 상황 속에서 다윗과 요나단의 우정은 어떤 모습이었을까요? 성경 저자는 이때 요나단이 무엇을 하고 있었는지 보여 줍니다. 그리고 밝혀진 바와 같이 요나단은 다윗에게 힘을 주고, 그가 살아남을 수 있는 최적의 장소를 찾을 수 있도록 적극 도왔습니다.

> 15다윗이 사울이 자기의 생명을 빼앗으려고 나온 것을 보았으므로 그가 십 광야 수풀에 있
> 었더니 16사울의 아들 요나단이 일어나 수풀에 들어가서 다윗에게 이르러 그에게 하나님

을 힘 있게 의지하게 하였는데 [17]곧 요나단이 그에게 이르기를 두려워하지 말라 내 아버지 사울의 손이 네게 미치지 못할 것이요 너는 이스라엘 왕이 되고 나는 네 다음이 될 것을 내 아버지 사울도 안다 하니라 [18]두 사람이 여호와 앞에서 언약하고 다윗은 수풀에 머물고 요나단은 자기 집으로 돌아가니라(삼상 23:15~18).

요나단이 다윗을 만나 "하나님을 의지하게 하고", "그의 손을 힘 있게" 했습니다. 이것은 피상적인 수준을 넘어선 우정입니다. 요나단은 적극적으로 다윗을 힘 있게 할 길을 모색하고 있었습니다. 물론 적극성이 전부는 아닙니다. 사실 목적이나 방향성이 없다면 적극적인 것도 무의미합니다. 인생의 목적지는 의도가 결정하는 것이 아니라, 방향성이 결정하기 때문입니다. 우정도 마찬가지입니다. 우리에게는 하나님께 인도하고, 그분의 뜻을 행하도록 힘주는 사람이 필요합니다. 다윗은 '하나님의 마음에 맞는 사람'으로 불렸지만, 그조차 자신을 격려해 줄 누군가가 필요했습니다.

students

하나님을 신뢰함으로써 힘을 주는 친구들은 삶의 문제를 도외시하지 않습니다. 요나단이 찾아갔을 때, 다윗은 여전히 도망 중이었습니다. 사울은 여전히 그가 죽기를 바랐습니다. 그에게 두려움은 현실이었습니다. 하지만 요나단은 두려움 가운데 있는 다윗에게 희망을 안겨 주었습니다. 그는 더 큰 약속, 즉 다윗을 왕으로 삼으시겠다는 하나님의 약속을 상기시켰습니다. 이로 인해 다윗은 지난날 하나님 안에서 소망해 왔던 대로, 하나님이 약속하신 미래를 계속해서 소망할 수 있게 되었습니다. 요나단은 다윗에게 그의 문제에 대해 해답을 주는 대신 하나님의 약속을 제시했습니다.

그리스도와의 연결

students

요나단의 이야기는 예수님을 떠올리게 합니다. 요나단은 참된 우정을 보여 주는 훌륭한 예이지만, 가장 참된 친구이신 예수님의 그림자에 불과하기도 합니다. 요나단이 선보인 참된 우정의 면면을 예수님이 완성하실 것입니다. 요나단처럼 예수님도 우리를 위해 스스로 엄청난 대가를 치르실 것입니다. 또한 우리의 필요를 채우기 위해 오실 텐데, 몇 킬로미터를 걸어서 오시는 것이 아니라 하늘과 땅 사이를 건너오실 것입니다. 요나단은 왕궁에 다윗을 들여보내기 위해 자기 왕좌를 포기했습니다. 예수님은 천국에 우리 자리를 마련하기 위해 자기 피로 값을 치르셨습니다. 오로지 우리를 위해 우리 죄와 슬픔을 가져가시고, 우리에게 영생을 주기 위해 죽음을 삼키셨습니다. 우리가 꿈꾸던 친구가 여기 있습니다. 우리를 위해 온갖 위험을 무릅쓴 유일한 분입니다. 우리로 하여금 하나님 안에서 강건하게 하며, 우리의 유익을 위해 헌신한 분입니다.

알짬 교리 **99**

교회의 덕을 세움

'교회의 덕을 세운다'는 것은 개별적으로나 집단적으로 성장과 성숙을 기하는 것을 의미합니다. 성경은 성장이나 성숙이 일어날 수 있는 여러 방식에 관해 이야기합니다. 예를 들면, 그리스도인의 상호 교제와 같은 것입니다(고전 12:26; 갈 6:2). 또한 교회는 성경 말씀을 선포하고 가르침으로써(엡 4:11) 성도들이 하나님의 온전하신 뜻을 이해하고 받아들일 수 있도록 돕습니다. 결국 '교회의 덕을 세운다'는 것은 성도들이 하나님 나라의 사명을 감당하며 살 수 있도록 준비시킴으로써 그리스도의 몸을 세우는 것입니다.

본문으로 더 깊이

다윗은 집을 떠나 두려움에 떨며 도망 다녔습니다. 그러자 요나단이 그를 위해 나섰습니다. 역사가들은 이때 요나단이 걸어서 이동한 거리가 약 48km 정도였다고 말합니다. 친구를 살펴보러 가는 길치고는 엄청난 거리입니다. 그러나 요나단은 사람들이 모두 멀어질 때 다가가는 사람이야말로 진정한 친구임을 알았습니다. 그래서 그는 걷고, 또 걸었습니다.

YOUR STORY

5~10분

하나님이 들려주시는 이야기는 오늘을 사는 나와 늘 연결되어 있습니다. 아래 질문에 답하면서 성경 이야기가 내 이야기와 어떻게 연결되는지 생각해 봅시다.

▶ **친구가 당신을 위해 위험을 무릅쓴 적이 있습니까? 그 친구의 행동은 당신에 대한 헌신이 어떠함을 보여 줍니까?**
이 질문에 관한 대답은 다양할 것입니다.

▶ **요나단이 다윗에게 한 것처럼 누군가에게 사심 없이 한결같은 호의를 베푼 적이 있습니까?**
이 질문에 관한 대답은 다양할 것입니다.

▶ **복음은 역사상 가장 위대한 우정의 행위입니다. 복음은 진정한 우정의 본보기를 어떻게 제공합니까?**
복음은 친구를 위해 자기 목숨을 바치는 누군가를 보여 줌으로써 우정에 관한 가장 선명한 묘사를 전해 줍니다. 그리스도께서 우리의 친구가 되어 주신 것처럼 우리도 다른 이들의 친구가 되어 주어야 합니다.

▶ **이 과의 내용은 우정에 대한 생각에 어떤 영향을 주었나요? 어떻게 하면 주변 사람에게 더 좋은 친구가 될 수 있을까요?**
이 질문에 관한 대답은 다양할 것입니다.

하나님의 이야기
하나님이 그분의 아들
예수 그리스도를 통해
우리를 구속해 주신 이야기

우리의 이야기
우리의 이야기가
하나님의 이야기와
만나는 곳

5~10분

YOUR MISSION

생 각

요즘에는 언약을 많이 맺지 않습니다. 계약과 언약은 비슷해 보이지만, 다른 점이 많습니다. 계약은 제한적이고, 늘 자신이 최우선입니다. 자신의 필요를 충족시켜 주는지 평가하고, 그렇지 못하면 다른 무언가를 취합니다. 그러나 언약은 다른 사람의 필요와 자기 자신을 사랑하는 것처럼 다른 누군가를 사랑하는 데서 출발합니다.

- **이기적인 친구 관계는 어떤 모습인가요?**
  이 질문에 관한 대답은 다양할 것입니다.
- **사심 없이 마음을 나누는 친구 관계는 어떤 모습인가요?**
  자기 삶에서 다른 사람을 우선하겠다는 헌신이 넘쳐나는 경우입니다.

마 음

많은 사람이 다른 사람에게 마음 문 열기를 두려워합니다. 자신의 결점을 보고 떠나갈까 봐 두려운 것입니다. 그러나 예수님은 말씀하셨습니다. "너희가 나를 택한 것이 아니요 내가 너희를 택하여 세웠나니"(요 15:16). 우리가 똑똑하고 정의롭기 때문이 아니라 주님이 자비로 우리를 친구 삼아 주셨습니다. 이것을 확신하면, 두려움으로 인해 망설였던 마음 문 열기를 포기하지 않을 수 있습니다. 우리는 이미 훨씬 더 중요한 분에게 드러나 버렸고, 그분은 우리에게 자신을 보이심으로써 응답하셨습니다.

- **가까운 사람들에게조차 속마음을 감추려고 한 적이 있나요?**
  마음속에서 일어나고 있는 일에 관해 거의 말하지 않거나, 사람들에게 우리가 위장하고 있는 모습을 믿게 하려고 배우처럼 구는 것 등을 예로 들 수 있습니다.
- **친구들과 진정한 관계를 유지하는 데 솔직함이 필요한 이유는 무엇입니까?**
  다른 사람들에게 자기 약점을 솔직히 드러내는 것이 실제로 그들과 통하는 길입니다. 강점으로는 사람들의 관심을 끌 수 있지만, 약점을 통해서만 사람들과 통할 수 있습니다.

행 동

세상에는 '소극적인 친구'가 가득합니다. 누군가가 우리를 맹비난해도, 그들은 우리를 보호하기 위해 나서지 않습니다. 그래서 때로는 소극적인 친구가 원수보다 더 큰 상처를 줄 수 있습니다. 그런데 요나단은 소극적인 친구가 아니었습니다. 그는 시간을 들였고, 에너지를 쏟았으며, 자기 행복까지 던졌습니다. 이 모든 것을 친구 다윗이 믿음 안에서 강해지기를 바라는 마음에서 했습니다.

- **소극적인 우정의 예를 들어 봅시다.**
  이 질문에 관한 대답은 다양할 것입니다.
- **어떻게 하면 더욱 적극적으로 친구의 믿음을 강건하게 할 수 있을까요?**
  친구들을 위해 함께 기도하기, 하나님의 언약 말씀으로 격려하기, 그들을 향한 하나님의 사랑과 목적을 확신시키기 등을 예로 들 수 있습니다.

다음 모임까지
시편 7편; 27편; 31편; 34편; 52편; 56편; 120편; 140~142편을
읽어 보세요.

05

아브라함의 언약을 다윗에게!

요 약

이 과에서는 하나님이 아브라함에게 하셨던 언약을 다윗 왕에게 재확인하고 확장하시는 모습을 보게 될 것입니다. 하나님은 다윗에게 적으로부터 평안히 살게 하며, 그의 후손을 통해 영원한 집을 짓겠다고 약속하셨습니다. 하나님의 변함없으신 약속에 다윗은 감사와 겸손으로 응답했습니다. 이것은 모든 믿는 자가 신실하신 하나님께 마땅히 취해야 할 태도입니다.

성 경

사무엘하 7장 8~26절

HIS STORY

20~30분

포 인 트

하나님은 신실하시며 약속을 이루신다.

등 장 인 물

삼위일체 하나님(성부, 성자, 성령)

다윗(이새의 막내아들. 사울에 이어 왕이 되도록 기름 부음받음. 하나님께 순종하는 성품의 소유자. 골리앗을 물리침)

메시지 좌표

지난 과에서 다윗은 기름 부음을 받긴 했지만, 아직 왕위에 오르지는 못했습니다. 다윗은 사울 왕에게 쫓기는 중에도 여러 차례 군사적인 승리를 거두어 왕국에서 큰 인기를 얻게 되었습니다. 이제 사울이 죽고 마침내 다윗이 왕이 되었습니다. 다윗은 하나님이 택하신 왕이었습니다. 하나님은 그에게 아브라함과 맺으셨던 언약을 재차 확인하고 확장해 주셨습니다. 그중에는 다윗에게 적으로부터의 안식을 주시고, 그의 후손을 통해 영원한 왕국을 세우시겠다는 약속도 있었습니다.

도 입

5~10분

세상에는 '약속이 깨졌다'는 소식이 가득합니다. 인터넷에 '약속 지키기' 같은 검색어를 치면 이와 관련된 수많은 자료가 쏟아져 나옵니다. '약속'이란 무엇입니까? 자신이 하겠다고 말한 것을 지킨다는 확증 표시, 헌신, 동의라고 말할 수 있습니다. 학생들에게 다음과 같은 질문을 던지십시오.

▸ 약속은 왜 중요합니까?

▸ 약속이 깨지면 어떤 결과가 초래됩니까?

대답할 시간을 주고 나서 이렇게 말해 주십시오. "당신이 우리에게 한 말을 지키는 것은 사람들에게 우리의 가치를 말해 준다는 사실을 알고 있습니까? 또한 그것은 진리를 말하므로 귀중하게 여기는 것을 표현하기도 합니다." 하나님은 항상 약속을 지키신다는 점을 설명해 주십시오. 진리와 사랑을 말씀하시는 것은 주님의 성품 중 하나입니다. 하나님은 우리가 주님의 계획을 따르면, 필요한 것을 주겠다고 약속하셨습니다.

도입 선택

수업을 시작하기 전에 약속을 요구하거나 약속을 표현하기 위한 상황의 목록을 만드십시오. 청혼, 취임 선서, 계약서 서명, 새끼손가락 걸기, 악수 등을 넣을 수 있습니다.

수업 시간에 조를 나누어 목록을 가지고 몸짓 게임을 하십시오. 조별로 나와서 몸짓으로 상황을 설명하게 한 후 맞추면 칠판에 답을 적으십시오. 모든 발표가 끝나면 칠판에 적힌 목록을 보면서 오늘 주제가 '약속'임을 알려 주십시오.

- ***약속을 지키는 것은 왜 중요합니까?***

하나님이 아브라함에게 하신 언약을 다윗과 어떻게 다시 세우셨으며, 결과적으로 예수님을 통해 영원한 왕에 대한 약속을 어떻게 성취하시는지 오늘 공부할 내용을 요약해 주십시오.

양 치던 소년 다윗을 잊지 마라

students

다윗은 이스라엘의 왕으로 왕궁에서 지내던 중, 하나님을 모시는 성막이 낡은 것을 보고 하나님께 아름다운 집을 지어 드리기로 마음먹었습니다. 이에 하나님은 그분의 계획을 새롭게 주시는 것으로 그에게 응답해 주셨습니다.

8그러므로 이제 내 종 다윗에게 이와 같이 말하라 만군의 여호와께서 이와 같이 말씀하시
기를 내가 너를 목장 곧 양을 따르는 데에서 데려다가 내 백성 이스라엘의 주권자로 삼고
9네가 가는 모든 곳에서 내가 너와 함께 있어 네 모든 원수를 네 앞에서 멸하였은즉 땅에
서 위대한 자들의 이름같이 네 이름을 위대하게 만들어 주리라 10내가 또 내 백성 이스라엘
을 위하여 한 곳을 정하여 그를 심고 그를 거주하게 하고 다시 옮기지 못하게 하며 악한 종
류로 전과 같이 그들을 해하지 못하게 하여 11상전에 내가 사사에게 명령하여 내 백성 이스
라엘을 다스리던 때와 같지 아니하게 하고 너를 모든 원수에게서 벗어나 편히 쉬게 하리라
(삼하 7:8~11상).

연 대 표

다윗 언약
THE DAVIDIC COVENANT
하나님이 다윗과 그의 후손과 언약을 회복하시다.

다윗과 밧세바
DAVID AND BATHSHEBA
다윗이 죄에 빠져 회개의 기도를 드리다.

솔로몬의 지혜
THE WISDOM OF SOLOMON
솔로몬이 하나님이 주신 지혜로 유명해지다.

잠언의 지혜
THE WISDOM OF PROVERBS
솔로몬이 지혜를 따라 사는 법을 가르치다.

성전 건축
THE BUILDING OF THE TEMPLE
솔로몬이 성전을 세우고, 하나님이 그곳을 자신의 임재로 채우시다.

솔로몬의 우상 숭배
SOLOMON'S FALL INTO IDOLATRY
어리석은 결정이 결국 우상 숭배로 이어지다.

students

하나님은 다윗에게 중요한 약속을 주시기 전에, 초원에서 왕궁에 이르기까지 하나님이 그의 발걸음을 인도해 오셨음을 일깨우셨습니다. 주님의 신실하심을 기억하게 하신 것입니다.

하나님을 신뢰하는 데 있어 과거 경험했던 그분의 신실하심을 기억하는 것이 왜 중요할까요?

하나님의 집을 지으려는 다윗의 열망이 오늘날 독자들에게는 이상하게 보일 수 있지만, 이것은 고대 세계에서는 관행이었습니다. 예컨대, 고대 이집트의 투탕카멘은 아몬 신을 위해 신전을 지었습니다. 아몬 신이 그 대가로 투탕카멘에게 온 세상을 다스리고, 수백만 년 동안 왕국을 다스리게 해 주겠다고 약속했다고 전해집니다(실제로는 영토가 몇천 킬로미터에 불과하게 줄었고, 역사도 그보다 짧아졌지만 말입니다).

다음 순서에 주목하십시오. '왕이 신을 위해 신전을 짓는다 → 신전이 신을 유명하게 만든다 → 신이 왕국을 축복함으로써 왕에게 고마움을 표시한다.' 이것이 세계 모든 종교의 공식입니다. '네가 나를 위해 애썼으니 내가 너를 위해 일하겠다.' 그러나 하나님은 이러한 생각을 거부하고 뒤집으셨습니다.

사실 하나님은 다윗에게 이렇게 말씀하신 셈입니다. "내 권능으로 너를 세웠으니 너는 내게 언제나 채무자다. 평생 내게 감사하며 살아야 할 것이다." 하나님이 세우실 집에는 '다윗이 하나님을 위해 지은 집'이 아니라, '하나님이 다윗을 위해 지으심'이라는 현판이 걸릴 것입니다.

'은혜'란 단순히 말하면 선물입니다. 주는 사람이 값을 치르고, 받는 사람은 값없이 받는 것입니다. 그런데 많은 사람이 이 지점에서 넘어지곤 합니다. 다음과 같이 묻는 데 익숙하기 때문입니다. '얼마면 충분할까요? 교회에 얼마나 자주 출석하면 되겠습니까? 헌금은 얼마나 내면 되겠습니까?' 이런 질문으로는 복음을 절대로 이해할 수 없습니다. 복음은 하나님의 엄청난 선물에서 비롯되었기 때문입니다. 바로 예수님의 보혈입니다. 보혈만이 죄로 피폐해진 우리 영혼을 구원하기에 충분합니다.

내가 네게 영원한 집을 지어 주리라

놀라운 것은, 하나님을 위해 집을 지어 드리려고 했던 다윗에게 오히려 하나님이 영원한 집을 지어 주겠다고 약속해 주신 것입니다. 이것은 궁극적으로 메시아를 가리킵니다. 그분이 장차 오셔서 영원히 다스리실 것입니다. 그런데 본문 가운데 많은 독자에게 의심을 불러일으킬 만한 구절이 한 군데 있습니다. "그가 만일 죄를 범하면." 죄를 모르시는 예수님을 두고 이것은 과연 무슨 말입니까?

> 11하여호와가 또 네게 이르노니 여호와가 너를 위하여 집을 짓고 12네 수한이 차서 네 조상들과
> 함께 누울 때에 내가 네 몸에서 날 네 씨를 네 뒤에 세워 그의 나라를 견고하게 하리라 13그는
> 내 이름을 위하여 집을 건축할 것이요 나는 그의 나라 왕위를 영원히 견고하게 하리라 14나는
> 그에게 아버지가 되고 그는 내게 아들이 되리니 그가 만일 죄를 범하면 내가 사람의 매와 인
> 생의 채찍으로 징계하려니와 15내가 네 앞에서 물러나게 한 사울에게서 내 은총을 빼앗은 것
> 처럼 그에게서 빼앗지는 아니하리라 16네 집과 네 나라가 내 앞에서 영원히 보전되고 네 왕위
> 가 영원히 견고하리라 하셨다 하라(삼하 7:11하~16).

성경의 예언은 대부분 중의적이라는 사실을 기억할 필요가 있습니다. 즉각적인 면이 있는가 하면, 궁극적인 면도 있습니다. 물론 제대로 분별하는 것은 어렵지만, 그것은 엄연히 별개의 것입니다. 멀리서 산봉우리를 바라보면 두 개가 붙어 있는 것처럼 보여도, 가까이 가면 그 사이가 매우 멀리 떨어져 있음을 알게 될 것입니다.

이 예언의 즉각적인 성취는 다윗의 아들 솔로몬입니다. '솔로몬'의 뜻은 '안식'인데, 그가 통치하는 동안 이스라엘 전역에 안식이 찾아오고 성전도 지어집니다. 그러나 그는 어리석은 일도 저지르는데, 후궁을 700명이나 두고 우상을 숭배하며 사울에 버금가는 짓을 했습니다. 그럼에도 불구하고 하나님은 약속을 지키시는 분이므로 그에게서 왕국을 완전히 빼앗지는 않으십니다.

그러나 이 예언이 궁극적으로 가리키는 것은 솔로몬 너머에 있는 다른 왕, 바로 '예수님'입니다. 예수님은 영원히 견고할 다윗 왕국의 후손이자, 참된 성전을 세우실 후손이십니다. 그분은 인간의 손으로 짓는 건물이 아닌 자기 몸으로 성전을 세우실 것입니다. 승천하신 후에는 그분의 성령을 보내어 주

> 님의 백성인 우리로 하여금 하나님의 성전이 되게 하실 것입니다.
>
> 솔로몬과 달리, 예수님은 사람의 허물로 징계 받으실 필요가 없는 분이십니다. 그러나 우리의 죄악 때문에 채찍에 맞으시고, 그로 인해 우리가 나음을 받게 될 것입니다. 다윗의 참된 후손 되시는 주님이 하나님의 참된 성전을 세우시고, 하나님이 자기 백성과 더불어 영원토록 거하게 하실 것입니다. 또한 그분은 단지 다윗의 자손만이 아니십니다. 하나님의 아들이신 그분이 이 땅의 하나님 백성을 위해 홀로 구원을 완성하실 것입니다.

이 사실을 기억하십시오. 하나님이 친히 자신의 집을 지으시되, 스스로 그 약속하신 집이 되실 것입니다. 예수님 안에서, 하나님이 마침내 약속을 성취하실 것입니다.

다윗이 하나님을 위해 집을 짓고 싶어 한 것에서 시작된 이 이야기는 그가 모든 영광을 받으실 만한 왕을 높이는 것으로 끝을 맺습니다.

18다윗 왕이 여호와 앞에 들어가 앉아서 이르되 주 여호와여 나는 누구이오며 내 집은 무
엇이기에 나를 여기까지 이르게 하셨나이까 19주 여호와여 주께서 이것을 오히려 적게 여
기시고 또 종의 집에 있을 먼 장래의 일까지도 말씀하셨나이다 주 여호와여 이것이 사람의
법이니이다 20주 여호와는 주의 종을 아시오니 다윗이 다시 주께 무슨 말씀을 하오리이까
21주의 말씀으로 말미암아 주의 뜻대로 이 모든 큰 일을 행하사 주의 종에게 알게 하셨나이
다 22그런즉 주 여호와여 이러므로 주는 위대하시니 이는 우리 귀로 들은 대로는 주와 같은
이가 없고 주 외에는 신이 없음이니이다 23땅의 어느 한 나라가 주의 백성 이스라엘과 같으
리이까 하나님이 가서 구속하사 자기 백성으로 삼아 주의 명성을 내시며 그들을 위하여 큰
일을, 주의 땅을 위하여 두려운 일을 애굽과 많은 나라들과 그의 신들에게서 구속하신 백
성 앞에서 행하셨사오며 24주께서 주의 백성 이스라엘을 세우사 영원히 주의 백성으로 삼
으셨사오니 여호와여 주께서 그들의 하나님이 되셨나이다 25여호와 하나님이여 이제 주의
종과 종의 집에 대하여 말씀하신 것을 영원히 세우셨사오며 말씀하신 대로 행하사 26사람
이 영원히 주의 이름을 크게 높여 이르기를 만군의 여호와는 이스라엘의 하나님이라 하게
하옵시며 주의 종 다윗의 집이 주 앞에 견고하게 하옵소서(**삼하 7:18~26**).

이것이 구원의 열쇠입니다. '얼마큼 해야 하나님께 충분할까요?' 하고 묻는 것은 잘못된 출발입니다. 우리는 구원이란 하나님이 이미 행하신 일을 아는

데서부터 시작된다는 것을 알아야 합니다. 그것을 알면 하나님의 임재를 경외할 수밖에 없을 것입니다. 그렇습니다. 그리스도께서 하신 일을 알고 믿으면, 하나님을 위해 일하고 싶어질 것입니다. 그러나 무슨 일을 하든지 하나님이 우리를 위해 하신 일에 오로지 감사하는 마음으로 해야 합니다.

우리는 세상 사람들이 그리스도인들을 보며 '이 사람들이 대단한 일을 해냈군! 하나님을 정말로 사랑하는 모양이야'라고 말해 주기를 기대합니다. 그러나 본문이 우리에게 가르쳐 주듯이, 세상 사람들이 우리의 증거를 듣거나 보고 이렇게 말할 수 있게 해야 합니다. '와, 하나님이 인간을 위해 이렇게 대단한 일을 하셨단 말이야!'

그리스도와의 연결

students

하나님은 다윗에게 장래 이스라엘 왕이 그의 가문에서 나올 것이며, 그의 왕국은 영원하리라고 약속하셨습니다. 그리고 예수님을 다윗의 후손으로 보내심으로써 이 약속을 지키셨습니다. 역사는 예수님이 영원한 왕국의 왕으로 인정받는 그날을 향해 달려가고 있습니다. 기독교는 착하게 살다가 죽어서 하나님께 인정받으라고 가르치지 않습니다. 이 땅에서 완전한 인간으로 살아 내신 후에 우리에게 그 삶을 선물로 주신 예수님에 관해 가르칩니다. 그분은 우리가 마땅히 살아야 할 삶을 사셨고, 우리가 마땅히 당해야 할 죽음을 당하셨습니다. 그분의 삶이 곧 우리의 것이지만, 그러나 오직 진리를 받아들일 때만 그렇습니다.

알짬 교리 **99**

신실하신 하나님

하나님의 신실하심은 하나님이 스스로 말씀을 지키시며, 언제나 약속을 성취하심을 의미합니다(고전 1:9; 딤후 2:13; 벧전 4:19). 아브라함과 이삭과 야곱에게 하셨던 약속을 성취하신 데서 하나님의 신실하심을 볼 수 있습니다. 사도 바울은 '신실하심'(미쁘심)이라는 속성을 하나님이 자신의 말씀을 성취하시는 것과 연결하면서 "너희를 부르시는 이는 미쁘시니 그가 또한 이루시리라"(살전 5:24)라고 말합니다. 우리가 하나님과 사람들에게 한 약속을 지킬 때, 우리를 통해 하나님의 성품이 드러나게 됩니다.

YOUR STORY

5~10분

하나님이 들려주시는 이야기는 오늘을 사는 나와 늘 연결되어 있습니다. 아래 질문에 답하면서 성경 이야기가 내 이야기와 어떻게 연결되는지 생각해 봅시다.

▸ **하나님의 은혜와 자비를 그대로 갚고자 노력한 적이 있습니까? 왜 사람들은 그런 마음을 자주 갖게 될까요?**
노력하면 하나님과 대등해질 수 있다는 그릇된 개념에서 비롯된 마음가짐입니다. 이는 기독교뿐 아니라 세계 모든 종교에서 발견되는 만연된 생각입니다. 그러나 우리는 절대로 구원을 자기 힘으로 얻거나 하나님께 대가를 지불할 수 없습니다. 우리가 해야 할 일은 하나님의 인자하심으로 은혜를 받았다는 사실을 알고, 그분께 감사와 겸손을 표현하는 것입니다.

▸ **은혜와 자비에 보답하는 신앙이 아닌 예수님 안에 머무는 안식이 우리에게 필요한 이유는 무엇입니까?**
솔직히 우리는 모두 나쁘고 비극적인 일이 일어날 것을 더는 걱정할 필요가 없는 안전한 장소, 안식할 장소를 원합니다. 그리스도인은 예수 그리스도 안에서만 쉼을 찾을 수 있습니다(마 11:28).

▸ **다윗은 하나님의 은혜와 신실하심에 감사와 겸손을 표현했습니다. 우리는 우리 삶에 부어 주신 하나님의 축복에 어떻게 반응하고 있습니까?**
이 질문에 관한 대답은 다양할 것입니다.

▸ **'어느 정도 해야 충분한가?'라는 질문 때문에 믿음의 길에서 기진맥진하거나 탈진을 경험한 적이 있습니까? 탈진을 피하는 데 이 과는 어떤 도움을 줄 수 있을까요?**
탈진은 흔히 모든 것이 우리에게 달려 있고, 우리 어깨와 능력이 좌우한다고 생각한 결과로 일어납니다. 그러나 역설적으로 우리가 그리스도의 완성된 사역에 몰두할수록, 우리를 위해 하신 일에 안식할수록 우리 안에서 주님의 영이 일어나는 것을 발견할 수 있습니다. 그리스도인의 열정의 불길은 오직 그분이 하신 일이라는 연료에 흠뻑 잠기는 데서 나옵니다.

하나님의 이야기
하나님이 그분의 아들
예수 그리스도를 통해
우리를 구속해 주신 이야기

우리의 이야기
우리의 이야기가
하나님의 이야기와
만나는 곳

5~10분

YOUR MISSION

생 각

하나님은 우리에게 무엇을 바라지 않으시며, 세상 구원을 도울 '도우미'를 찾으신 적이 없습니다. 이것은 우리의 헌신을 요구하지 않으신다는 뜻이 아닙니다. 하나님은 그분의 필요를 채울 것을 우리에게서 찾지 않으시고, 돈이든 재능이든 시간이든 부족한 것이 없으십니다. 하나님은 그분을 위해 세상을 구원하라고 우리에게 명령하지 않으시고, 세상을 구원하시는 그분을 따르라고 우리를 부르십니다.

- **하나님이 우리를 필요로 하신다는 그릇된 마음가짐에는 어떤 위험이 따릅니까?**
  구원이 복음을 전하는 사람의 능력에 달려 있다고 믿는 위험, '나'라는 존재가 세상을 구원하기 위한 하나님의 계획에서 필수적이라는 자만심 등을 예로 들 수 있습니다.
- **하나님이 그분의 목적을 위한 수단으로 우리를 필요로 하는 분이 아니라는 것을 믿으면 겸손한 마음을 갖기 쉬운 이유는 무엇일까요?**
  하나님의 목적을 위한 수단으로 우리 자신을 생각하지 않고, 오히려 하나님이 우리에게 역할을 맡기고 계심을 인식하게 되면, 우리는 하나님의 계획과 관련해 자신을 덜 중요하게 여기며 겸손할 수 있게 됩니다.

마 음

하나님이 우리에게 요구하지 않으신다 해도 우리에게는 하나님께 보답하겠다는 마음이 있어야 합니다. 다윗이 책망받은 것은 태도 때문이 아니었습니다. 오히려 그는 칭찬받았습니다. "내 아버지 다윗이 이스라엘의 하나님 여호와의 이름을 위하여 성전을 건축할 마음이 있었더니"(대하 6:7). 다윗은 자신을 향한 하나님의 위대한 사랑에 보답하고 싶었던 것입니다. 이것이 바로 우리가 복음에 보여야 하는 반응입니다.

- **하나님의 은혜와 자비에 감사하는 마음을 가진 적이 있습니까?**
  이 질문에 관한 대답은 다양할 것입니다.
- **이러한 감사는 예수님에 대한 우리의 태도에 어떤 영향을 미칩니까?**
  이 질문에 관한 대답은 다양할 것입니다.

행 동

우리가 가진 가장 큰 특권은 예수님과 동행할 곳을 알게 해 달라고 하나님께 간구할 수 있다는 것입니다. 하나님은 우리의 도움이 필요해서가 아니라 영원한 가치를 위해 우리를 사용하실 것입니다. 자신의 삶을 하찮게 여기며 사는 사람이 많습니다. 하지만 하나님이 우리에게 원하시는 것은 우리가 생각하는 것보다 훨씬 더 크고 풍부하고 심오합니다.

다음 모임까지
사무엘상 25~27장; 시편 17편; 73편; 35편; 54편; 63편; 18편을 읽어 보세요.

- **하나님이 일하고 계심을 느꼈던 적이 있나요? 그 시간은 어떤 영향을 남겼습니까?**
  이 질문에 관한 대답은 다양할 것입니다.
- **주변에 복음을 나누는 것에 대해 어떤 꿈을 가지고 있습니까?**
  이 질문에 관한 대답은 다양할 것입니다.

06

밧세바가 눈에 들어와

요 약

이 과에서는 다윗 왕이 죄에 빠져서 추악한 결과를 맞게 되는 과정을 살펴볼 것입니다. 다윗의 이야기에서 우리를 노예로 삼는 죄의 능력과 그것을 숨기려는 우리의 동기를 발견하게 됩니다. 그러나 한편으로는 죄 고백을 통해 새로워질 가능성도 볼 수 있습니다. 믿는 자로서 우리는 모든 죄를 하나님께 대한 저항으로 이해하고, 하나님 아들의 희생을 통해 주어진 용서에 의지해 회개해야 합니다.

성 경

사무엘하 11장 1~5, 6~17, 26~27절; 시편 51편 1~13절

HIS STORY

20~30분

포 인 트

그리스도인은 부단한 회개를 한다.

등 장 인 물

삼위일체 하나님(성부, 성자, 성령)

다윗(이새의 막내아들. 사울에 이어 왕이 되도록 기름 부음받음. 하나님께 순종하는 성품의 소유자. 골리앗을 물리침)

밧세바(우리아의 아내. 다윗과 간음함. 우리아가 전투에서 살해된 후 다윗과 결혼해 솔로몬을 낳음)

메시지 좌표

다윗은 왕위에 올라 선한 왕이자 하나님의 종으로 산다는 것이 무엇인지 제대로 보여 주었습니다. 이 과에서 우리는 성적인 죄에 빠진 다윗과 그 죄가 그와 주변 사람들에게 미친 결과에 직면합니다. 이 이야기를 통해 '하나님 마음에 합한 자'라 불린 다윗에게도 구세주가 필요하다는 점을 알게 될 뿐만 아니라, 죄가 우리와 주변 사람들에게 가져올 수 있는 해악을 엿볼 수 있습니다. 여러 가지 면에서 비극이긴 하지만, 이 이야기는 믿는 자의 삶에서 찾을 수 있는 용서의 희망과 회개의 중요성을 보여 줍니다.

도 입

5~10분

우리는 왜 죄를 향해 달려갈까요? 그것은 무언가 좋아 보이기 때문입니다. 죄는 짜릿한 기분으로 시작됩니다. 처음에는 좋은 곳으로 데려갈 것 같지만, 항상 같은 곳으로 이끕니다. 바로 깨어짐, 고통, 고뇌, 실망, 절망 등입니다.

성적인 죄도 마찬가지입니다. 성적인 죄는 너무 강력하고 파괴적이며 또 접근하기 쉬워서 신실한 그리스도인들도 완전히 허물어질 수 있습니다. 이것이 '하나님의 마음에 맞는 자' 다윗에게 일어난 일입니다.

▸ 크게 화를 냈던 때를 떠올려 보십시오. 그 상황에서 나타난 죄의 징조는 무엇이었나요?

세상에, 다윗이 그런 죄를?

죄는 특정한 시간에 특정한 방식으로 저질러집니다. 다윗이 받은 유혹과 그의 죄를 살펴봄으로써 어떻게 죄 된 욕망에 사로잡히게 되는지에 관한 통찰력을 얻을 수 있습니다.

> 1그해가 돌아와 왕들이 출전할 때가 되매 다윗이 요압과 그에게 있는 그의 부하들과 온 이
> 스라엘 군대를 보내니 그들이 암몬 자손을 멸하고 랍바를 에워쌌고 다윗은 예루살렘에
> 그대로 있더라 2저녁 때에 다윗이 그의 침상에서 일어나 왕궁 옥상에서 거닐다가 그곳에
> 서 보니 한 여인이 목욕을 하는데 심히 아름다워 보이는지라 3다윗이 사람을 보내 그 여인
> 을 알아보게 하였더니 그가 아뢰되 그는 엘리암의 딸이요 헷 사람 우리아의 아내 밧세바
> 가 아니니이까 하니 4다윗이 전령을 보내어 그 여자를 자기에게로 데려오게 하고 그 여자
> 가 그 부정함을 깨끗하게 하였으므로 더불어 동침하매 그 여자가 자기 집으로 돌아가니라
> 5그 여인이 임신하매 사람을 보내 다윗에게 말하여 이르되 내가 임신하였나이다 하니라
> (삼하 11:1~5).

다윗은 언제 죄의 유혹에 사로잡히게 되었을까요? 우리는 축복을 받은 후에 죄의 유혹에 사로잡히기 쉬움을 알아야 합니다. 다윗은 여러 전투에서 승리했고, 이스라엘 왕국은 태평했으며, 그의 인기는 절정에 올라 있었습니

도입 선택

안이 보이지 않는 상자 두 개를 준비해 하나에는 독특한 사탕이나 학생들이 좋아할 만한 물건을 담고, 다른 하나에는 양말처럼 학생들이 흥미 없어 하는 물건을 담습니다.

학생들에게 상자 안에 무엇이 있는지 알리지 않은 채 그것의 장점을 설명해 주는데, 이때 목표는 가장 매혹적인 물건으로 보이게 하는 것입니다. 그러고 나서 학생들에게 두 가지 중에서 더 좋은 것 하나를 고르게 하십시오.

이를 통해 죄는 겉으로는 좋게 보이며 그 길을 택하게 유혹하지만, 결국 아무것도 안겨 주는 것이 없음을 알 수 있게 이끄십시오. 그런 다음 아래 질문을 던지십시오.

- *상자 안에 무엇이 들어 있는지도 모르면서 왜 유혹을 받았을까요?*
- *처음으로 다시 돌아간다면, 다른 선택을 하겠습니까? 이것은 죄에 관해 우리에게 무엇을 가르쳐 줍니까?*

연 대 표

다윗과 밧세바
DAVID AND BATHSHEBA
다윗이 죄에 빠져 회개의 기도를 드리다.

솔로몬의 지혜
THE WISDOM OF SOLOMON
솔로몬이 하나님이 주신 지혜로 유명해지다.

잠언의 지혜
THE WISDOM OF PROVERBS
솔로몬이 지혜를 따라 사는 법을 가르치다.

성전 건축
THE BUILDING OF THE TEMPLE
솔로몬이 성전을 세우고, 하나님이 그곳을 자신의 임재로 채우시다.

솔로몬의 우상 숭배
SOLOMON'S FALL INTO IDOLATRY
어리석은 결정이 결국 우상 숭배로 이어지다.

전도서에 담긴 인생의 의미
MEANING OF LIFE IN ECCLESIASTES
솔로몬이 인생의 목적과 의미를 사색하다.

다. 사람들은 죄가 현실로부터의 도피라도 되는 듯 역경 때문에 죄를 저지른다고 생각하지만, 때로는 축복도 위험할 수 있습니다. 왜냐하면 하나님을 의지하며 살아야 한다는 것을 잊게 만들기 때문입니다. 그래서 축복받을 때에 더욱더 하나님께 나아가지 않으면 오히려 위험할 수 있습니다.

하나님을 의지하는 것을 잊게 할 만한 축복은 무엇일까요?

또 한 가지 중요한 사실은 다윗이 유혹받을 만한 자리에 있었다는 점입니다. 죄의 유혹에는 맞서는 것보다 피하는 것이 더 쉽습니다. 그러나 이 말을 오해하지는 마십시오. 죄에 맞서는 것은 매우 중요합니다. 우리는 유혹에 직면하고 죄에 맞서는 습관을 길러야 합니다. 세상은 이미 우리 앞에 수많은 유혹을 던지고 있습니다.

죄의 유혹에 사로잡히지 않으려면 어떻게 해야 할까요?

죄를 덮으면 될 줄 알았어

이야기가 계속됨에 따라 다윗이 자기 죄를 숨기려다가 더 깊은 나락으로 떨어지는 모습을 보게 됩니다.

6다윗이 요압에게 기별하여 헷 사람 우리아를 내게 보내라 하매 요압이 우리아를 다윗에
게로 보내니 7우리아가 다윗에게 이르매 다윗이 요압의 안부와 군사의 안부와 싸움이 어떠
했는지를 묻고 8그가 또 우리아에게 이르되 네 집으로 내려가서 발을 씻으라 하니 우리아
가 왕궁에서 나가매 왕의 음식물이 뒤따라 가니라 9그러나 우리아는 집으로 내려가지 아
니하고 왕궁 문에서 그의 주의 모든 부하들과 더불어 잔지라 10어떤 사람이 다윗에게 아뢰
되 우리아가 그의 집으로 내려가지 아니하였나이다 다윗이 우리아에게 이르되 네가 길 갔
다가 돌아온 것이 아니냐 어찌하여 네 집으로 내려가지 아니하였느냐 하니 11우리아가 다
윗에게 아뢰되 언약궤와 이스라엘과 유다가 야영 중에 있고 내 주 요압과 내 왕의 부하들
이 바깥 들에 진 치고 있거늘 내가 어찌 내 집으로 가서 먹고 마시고 내 처와 같이 자리이까
내가 이 일을 행하지 아니하기로 왕의 살아 계심과 왕의 혼의 살아 계심을 두고 맹세하나

> 이다 하니라 [12]다윗이 우리아에게 이르되 오늘도 여기 있으라 내일은 내가 너를 보내리라
> 우리아가 그날에 예루살렘에 머무니라 이튿날 [13]다윗이 그를 불러서 그로 그 앞에서 먹고
> 마시고 취하게 하니 저녁 때에 그가 나가서 그의 주의 부하들과 더불어 침상에 눕고 그의
> 집으로 내려가지 아니하니라 [14]아침이 되매 다윗이 편지를 써서 우리아의 손에 들려 요압
> 에게 보내니 [15]그 편지에 써서 이르기를 너희가 우리아를 맹렬한 싸움에 앞세워 두고 너희
> 는 뒤로 물러가서 그로 맞아 죽게 하라 하였더라 [16]요압이 그 성을 살펴 용사들이 있는 것을
> 아는 그곳에 우리아를 두니 [17]그 성 사람들이 나와서 요압과 더불어 싸울 때에 다윗의 부하
> 중 몇 사람이 엎드러지고 헷 사람 우리아도 죽으니라 … [26]우리아의 아내는 그 남편 우리아
> 가 죽었음을 듣고 그의 남편을 위하여 소리 내어 우니라 [27]그 장례를 마치매 다윗이 사람을
> 보내 그를 왕궁으로 데려오니 그가 그의 아내가 되어 그에게 아들을 낳으니라 다윗이 행한
> 그 일이 여호와 보시기에 악하였더라(삼하 11:6~17, 26~27).

제1안은 확실하기는 하지만, 성사시키기가 까다로운 방법이었습니다. 다윗은 우리아를 속여서 자신의 아기를 그의 아이로 여기게 만들 속셈이었습니다. 그런데 우리아는 수십 km 떨어진 곳에서 다윗의 전투를 하고 있었습니다. 그래서 다윗은 '순간을 창조할' 필요가 있었습니다. 그는 전투에 나가 있는 우리아를 불러들여 전쟁에 관한 보고를 하게 한 후 집으로 보냈습니다. 다윗은 그것으로 자신의 죄를 감추었다고 생각했습니다.

그러나 그것은 오산이었습니다. 고귀한 우리아는 자신처럼 자기 침대에서 아내와 함께 눕는 기쁨을 누리지 못하고 전쟁터에서 야영하고 있는 전우들이 눈에 밟혔습니다. 그래서 그는 밤새 궁전 병사들 틈에서 야영을 했습니다. 그것이 다윗에게는 얼마나 유감이었을지 상상해 보십시오.

그러나 다윗은 포기하지 않았습니다. 그는 제1안을 업그레이드해서 제2안을 계획했습니다. 고귀한 우리아가 이번에는 다윗의 작전에 걸려들어 취하고 말았습니다. 하지만 그는 자기 집에 들어가지 않고, 다윗의 부하들 틈에서 잠을 잤습니다. 두 번째 계획도 실패하고 만 것입니다.

그래서 다윗은 제3안에 돌입합니다. 요압에게 편지를 보내서 우리아를 최전선에 내세운 뒤 버리고 오라고 지시한 것입니다. 심지어 우리아가 자신에게 내려진 사형 선고를 직접 요압에게 전달하게 했습니다. 마침내 다윗의 작전이 성공했습니다. 우리아는 전투에서 자연스럽게 죽은 것처럼 보였습니다.

그러나 본문의 마지막 절이 섬뜩하게 끝납니다. "다윗이 행한 그 일이 여

호와 보시기에 악하였더라"(삼하 11:27). 내막을 아는 사람은 아무도 없었습니다. 다윗은 아무도 모를 것이라고 확신했을 것입니다. 그러나 하나님이 지켜보고 계셨습니다. 언제나 그렇듯이 말입니다.

알짬 교리 99

죄 - 반역

성경은 사람을 책임적 존재, 즉 하나님의 계시에 믿음과 순종으로 반응하도록 부름받은 존재로 봅니다. 그렇기 때문에 성경은 종종 죄를 왕이신 하나님에 대한 거역과 반역이라는 용어로 묘사합니다. 대표적인 예인 이사야 1장 2절은 이렇게 말합니다. "내가 자식을 양육하였거늘 그들이 나를 거역하였도다." 이 관점에서 보자면 죄는 인격적이며 의지적인 불순종이고, 우리를 만드신 분을 향해 반기를 드는 것이라고 말할 수 있습니다.

죄가 드러나야 회개할 수 있어

다윗처럼 명백하게 간통과 살인을 저지르는 사람은 우리 중 일부이겠으나 우리는 모두 죄를 짓습니다. 누구라도 다윗처럼 가증한 죄를 저지를 수 있습니다. 밧세바의 임신을 알게 된 다윗처럼, 우리도 죄의 결과에 직면하면 그것을 숨기고 합리화하고 책임을 전가할 수 있습니다. 이것이 잠깐은 통할 수 있겠지만, 죄의 진정한 해결책은 오직 '회개'뿐입니다. 물어야 할 것은 '죄를 지었는가'가 아니라, '죄지은 후에 무엇을 했는가'입니다. 이 질문에 대한 답이 삶과 죽음을 가르게 됩니다.

students

하나님은 다윗이 덮어 버린 것을 드러내기로 하셨고, 선지자 나단을 통해 거기서 끝내지 않을 것이라고 경고하셨습니다. 깊이 겸손해지는 과정을 통해 다윗은 정결해졌는데, 성경에서 가장 아름답고 교훈적인 시로 꼽히는 시편 51편이 그 결과물입니다. 여기서 다윗은 복음에 기초한 회개와 고백의 비결을 제공합니다.

[1]하나님이여 주의 인자를 따라 내게 은혜를 베푸시며 주의 많은 긍휼을 따라 내 죄악을 지
워 주소서 [2]나의 죄악을 말갛게 씻으시며 나의 죄를 깨끗이 제하소서 [3]무릇 나는 내 죄과를

> 아오니 내 죄가 항상 내 앞에 있나이다 4내가 주께만 범죄하여 주의 목전에 악을 행하였사
> 오니 주께서 말씀하실 때에 의로우시다 하고 주께서 심판하실 때에 순전하시다 하리이다
> 5내가 죄악 중에서 출생하였음이여 어머니가 죄 중에서 나를 잉태하였나이다 6보소서 주
> 께서는 중심이 진실함을 원하시오니 내게 지혜를 은밀히 가르치시리이다 7우슬초로 나를
> 정결하게 하소서 내가 정하리이다 나의 죄를 씻어 주소서 내가 눈보다 희리이다 8내게 즐
> 겁고 기쁜 소리를 들려 주시사 주께서 꺾으신 뼈들도 즐거워하게 하소서 9주의 얼굴을 내
> 죄에서 돌이키시고 내 모든 죄악을 지워 주소서 10하나님이여 내 속에 정한 마음을 창조하
> 시고 내 안에 정직한 영을 새롭게 하소서 11나를 주 앞에서 쫓아내지 마시며 주의 성령을 내
> 게서 거두지 마소서 12주의 구원의 즐거움을 내게 회복시켜 주시고 자원하는 심령을 주사
> 나를 붙드소서 13그리하면 내가 범죄자에게 주의 도를 가르치리니 죄인들이 주께 돌아오
> 리이다(시 51:1~13).

복음 중심의 회개를 통해 하나님의 자비만이 유일한 희망이 되어 가는 과정을 살펴보겠습니다. 다윗은 하나님의 은혜에 집중하며 "주의 인자를 따라" 그리고 "주의 많은 긍휼을 따라" 기도했습니다. 이 기도에서 다윗이 하나님과 협상하기 위해 나아갔다는 암시는 찾아볼 수 없습니다. 그는 자신의 형량을 줄이기 위해 하나님과 협상하지 않았습니다. 하나님께 자신이 했던 모든 위대한 일을 상기시켜 드리지도 않았습니다(골리앗을 기억하시나요?). 자기 죄를 설명하려고 하지도 않았습니다. 앞으로는 절대 그런 일이 없으리라고 맹세하지도 않았습니다. 다윗은 다만 무너지지 않을 유일한 토대인 하나님의 은혜를 근거로 하나님께 호소했습니다.

그리스도와의 연결

students

시편 51편에서 다윗은 가슴으로 회개해야 한다고 했습니다. 그런데 문제는 우리가 악하다는 것입니다. 우리는 마음을 스스로 바꿀 수 없는데, 다윗도 이것을 알고 있었습니다. 그래서 자신을 정결하게 해 달라고 부르짖었습니다. "우슬초로 나를 정결하게 하소서 내가 정하리이다 나의 죄를 씻어 주소서 내가 눈보다 희리이다"(시 51:7).

성경에서 '우슬초'는 두 가지 중요한 명령과 관련해 언급됩니다. 출애굽기에서 히브리인들은 우슬초를 어린양의 피에 담갔다가 그 피를 문설주에 뿌려야 한다는 명령을 받았습니다(출 12:22). 또 우슬초는 나병에서 치유된 사람의 정결 의식에 사용되는 도구로 묘사되기도 했습니다(레 14:1~7). 여기서 다윗이 연결해 온 묘사의 의미를 유대인 독자들은 명백히 이해했을 것입니다. 다윗은 자신을 죄의 노예(애굽의 노예와 같은)에서 벗어나게 해 주고, 자신을 죄의 질병(나병 같은)에서 고쳐 줄 무엇인가가 필요하다고 말하고 있는 것입니다. 그러나 문자적인 우슬초만으로는 충분하지 않습니다. 다윗이 부르짖은 것은 복음의 소망입니다.

students

다윗은 '그의 모든 죄악을 덮어 줄', '그의 속에 정한 마음을 창조할', '정직한 영을 새롭게 해 줄' 누군가가 필요했습니다. 그분은 진정한 유월절 어린양으로, 하나님의 진노가 우리를 지나칠 수 있도록 우리를 대신해서 죽으신 예수님입니다. 아무리 노력해도 고침을 받을 수 없던 저주받은 영혼을 깨끗이 씻으러 오신 분입니다. 우리를 향한 하나님의 은혜의 표징으로 우리에게 그분의 영을 주신 분입니다.

5~10분

YOUR STORY

하나님이 들려주시는 이야기는 오늘을 사는 나와 늘 연결되어 있습니다. 아래 질문에 답하면서 성경 이야기가 내 이야기와 어떻게 연결되는지 생각해 봅시다.

▶ **사람들이 유혹에 가장 취약한 시간과 장소는 언제 어디입니까?**
이 질문에 관한 대답은 다양할 수 있지만, 문제가 있는 단체에서 시간을 보내거나 누군가와 전화나 컴퓨터로 밤늦게 연락하는 것이 포함될 수 있습니다.

▶ **어떻게 하면 그런 상황을 피할 수 있을까요?**
이 질문에 관한 대답은 다양할 것입니다.

▶ **자기 잘못을 숨겨야 했던 때가 있었습니까? 어떻게 해서 그 일이 들통났습니까?**
이 질문에 대한 답은 다양할 수 있는데, 교사 자신의 경험을 먼저 들려주는 것이 학생들이 자신의 이야기를 꺼내는 데 도움이 될 수 있습니다.

▶ **다윗의 고백 가운데 어느 부분이 마음에 다가왔습니까?**
이 질문에 관한 대답은 다양할 것입니다.

하나님의 이야기
하나님이 그분의 아들
예수 그리스도를 통해
우리를 구속해 주신 이야기

우리의 이야기
우리의 이야기가
하나님의 이야기와
만나는 곳

YOUR MISSION

5~10분

생 각

죄가 사람들에게 상처를 입힌다는 것을 기억해야 합니다. 하나님의 법은 결코 부당하지 않으며, 다른 사람들과 상호 작용하는 가장 생명을 주는 방법을 보여 주기 위해 우리에게 주어진 것입니다. 하나님이 우리로 하여금 죄짓지 않게 하시는 것은 우리의 즐거움을 망치시기 위해서가 아니라, 그것이 얼마나 깊이 상처 입히는지를 아시기 때문입니다.

- **자신의 죄로 인해 자신이나 주변 사람이 어떤 일을 겪게 되었나요?**
  이 질문에 관한 대답은 다양할 것입니다.
- **죄가 주변 사람에게 영향을 미친다는 사실은 죄에 맞서는 데 어떤 도움이 됩니까?**
  다른 이들을 향한 사랑이 죄에 맞서 싸우는 동기가 되어야 합니다. 특히 가까운 사람에게 피해를 입히게 될 가능성이 많기 때문입니다. 다른 사람의 기쁨을 죄로 인한 기쁨보다 우선하면, 우리에게 다가오는 유혹에 더 잘 저항할 수 있습니다.

마 음

모든 죄는 하나님과의 관계가 무너지는 데서 시작됩니다. 먼저 하나님이 주신 것에 불만을 느끼고 우리를 향한 하나님의 인자하심을 의심하게 됩니다. 그러면서 하나님의 말씀을 생명선으로 보기보다 제한으로 받아들입니다. 그러므로 죄를 다루는 방식은 단순히 죄를 억압하는 것이어서는 안 됩니다. 죄보다 하나님을 사랑할 수 있도록 그분 안에서 더욱 기쁨을 누려야 합니다. 죄의 충동을 극복하는 유일한 길은 죄를 덜 사랑하는 것이 아니라, 하나님을 더 사랑하는 법을 배우는 것입니다.

- **지금까지 죄와 유혹에 어떻게 맞서 싸워 왔습니까?**
  이 질문에 대한 답은 다양할 수 있지만, 하나님과 그분의 영광에 깊이 뿌리 내린 전략이 아니라면 실패한 시도로 그치기 쉬울 것입니다.
- **죄와 싸울 때 하나님을 사랑하는 데 초점을 맞춰야 하는 이유는 무엇입니까?**
  하나님을 향한 사랑은 우리 삶에서 죄에 대한 어떤 사랑도 물리치게 합니다.

행 동

다윗을 통해 그리스도인에게 있어 회개의 역할과 끊임없이 회개하는 것의 중요성을 깨닫게 됩니다. 회개는 하나님과 다른 사람의 마음에 상처를 입혔음을 깊이 깨닫게 할 뿐만 아니라, 공개적으로 죄를 자백하면서 죄에서 벗어나려고 하는 적극적인 의지를 이끌어 냅니다. 하나님과 진정한 관계를 맺는 데 핵심적인 지표가 되는 회개는 모든 그리스도인에게 필수적입니다.

- **우리가 지속적으로 회개하는 것이 우리뿐 아니라 주변 사람에게도 중요한 이유는 무엇입니까?**
  그리스도께서 죄보다 가치 있음을 다른 사람에게 공개적으로 보여 주는 것이 한 가지 이유입니다.
- **이 과를 통해 죄에 맞서 싸우는 것에 대해 어떤 도전을 받았습니까?**
  이 질문에 관한 대답은 다양할 것입니다.

다음 모임까지 **사무엘상 28~31장; 역대상 10장; 시편 121편; 123~125편; 128~130편을** 읽어 보세요.

07

지혜를 구하다니, 지혜롭구나

요 약

이 과에서는 솔로몬이 지혜를 간구하자 하나님이 그 응답으로 헤아릴 수 없는 축복을 주신 것을 살펴볼 것입니다. 솔로몬이 어떻게 하나님께 지혜를 구했고, 받은 지혜로 어떻게 나라를 다스렸으며, 그 지혜가 어떤 축복을 가져왔는지 볼 것입니다. 이를 통해 오늘날에도 하나님의 백성에게는 하나님과 동행해야만 얻을 수 있는 지혜와 통찰력이 필요하다는 것을 알게 될 것입니다.

성 경

열왕기상 3장 5~28절; 4장 29~34절

HIS STORY

20~30분

포 인 트

지혜는 하나님에게서 나오는데, 하나님이 그분을 찾는 자들에게 기꺼이 주신다.

등 장 인 물

삼위일체 하나님(성부, 성자, 성령)

솔로몬(다윗의 아들로서 그의 뒤를 이어 이스라엘을 다스림. 하나님이 주신 지혜로 구약의 많은 지혜 문학을 쓰고 성전을 건축함)

메시지 좌표

성경 이야기를 계속 읽어 가다 보니, 다윗의 아들 솔로몬에 이르게 되었습니다. 그는 이스라엘 왕 중에서 가장 지혜로운 왕이었습니다. 열왕기상 3장에서 솔로몬은 하나님이 바라시는 왕이 되는 데 꼭 필요한 것을 청합니다. 그것은 바로 '지혜'입니다. 솔로몬은 하나님이 이스라엘을 위해 바라시는 왕의 결정적 자질은 권력, 재산, 카리스마가 아닌 '지혜'라는 사실을 누구보다도 잘 증명해 냈습니다.

도 입

5~10분

무엇이 위대한 지도자를 만들까요? 일류 교육, 높은 지능, 업적, 카리스마, 비전을 제시하는 능력 등 많은 것을 열거할 수 있을 것입니다. 이러한 자질들은 지도자의 자리를 얻게 할 수 있지만, 위대한 지도력을 보장하지는 못합니다.

다니엘 골먼(Daniel Goleman)은 저서 *Emotional Intelligence*(감성 지수)에서 높은 지능 지수나 탁월한 성적이 위대한 지도자를 만드는 것은 아니라고 주장했습니다. 그의 주장에 따르면, 감성 지능이 높은 사람이 훌륭한 지도자가 된다고 합니다. '감성 지능'이란 '자기감정 인식', '자기감정 조절', '자기 동기 부여', '공감 능력', '대인 관계 기술' 등 다섯 가지 능력의 총합입니다.

골먼이 주장한 다섯 가지는 본질적으로 성경이 지혜로 부르는 것을 언급했습니다. 지혜는 옳고 그른 것을 분별하는 능력입니다. 솔직히 말하면, 사람들이 어찌할 바를 모를 때 무엇을 해야 하는지 아는 것입니다. 지혜로운 지도자가 좋은 지도자입니다. 좋은 지도자는 자기 관리를 할 줄 알고, 사람들과 잘 어울리며, 선악을 분별할 줄 알아야 합니다. 한마디로, 거친 바다에서도 항해할 줄 알아야 합니다.

그리스도인으로서 우리는 지혜가 전능하신 하나님에게서 나온다고 믿기 때문에 지혜는 세상의 관점을 뛰어넘어야 한다고 믿습니다. 하나님은 그분과의 관계의 일환으로 우리에게 지혜를 주기 원하십니다. 우리가 하나님을 믿고 따를 때, 하나님은 우리에게 주님을 기쁘시게 하는 삶을 사는 데 필요한 지혜를 아낌없이 주십니다.

▶ 역사적인 위대한 지도자들 몇 명에 관해 이야기를 나누십시오. 그들을 훌륭한 지도자로 만드는 것은 무엇입니까?

도입 선택

학생들에게 줄이 쳐진 종이를 한 장씩 나누어 주고, 하나님께 요청하고 싶은 목록을 적게 하십시오. 물건이나 아이디어나 기술의 목록을 작성할 수 있습니다. 얼마간 시간을 준 후, 그 목록을 놓고 토론을 진행하십시오. 하나님은 우리 부탁을 들어주실 의무가 없지만, 우리에게 필요한 것을 요청하라고 말씀하셨다는 것을 강조해 주십시오. 하나님께 무엇인가를 요구하려면, 우리 태도와 동기가 그분의 마음과 목적에 맞아야 함을 설명해 주십시오. 예를 들어 솔로몬은 지혜를 구했는데, 하나님의 백성을 위해 좋은 지도자로 만들어 줄 수 있는 선물이었기 때문입니다. 하나님은 솔로몬이 요청한 것보다 더 많이 축복하셨는데, 그 요청이 하나님을 기쁘시게 했기 때문입니다. 그것은 하나님의 마음과 계획에 부합했습니다.

- *사람들이 이기적인 욕구에 자극받아 자주 드리게 되는 요청에는 어떤 것들이 있습니까? 그 요청들은 왜 하나님을 기쁘시게 하지 못할까요?*
- *당신의 요청 뒤에 숨은 마음과 태도와 동기가 하나님께 영광이 될 수 있는지 없는지 어떻게 알 수 있습니까?*

솔로몬아, 네게 무얼 줄까?

students

본문은 구약성경에서 매우 주목할 만한 이야기 중 하나인데, 하나님이 솔로몬의 꿈에 나타나 질문하신 장면입니다.

하나님이 우리에게 필요한 것을 무엇이든 말해 보라고 말씀하신다면 무엇을 가장 먼저 구하겠습니까?

연 대 표

솔로몬의 지혜
THE WISDOM OF SOLOMON
솔로몬이 하나님이 주신 지혜로 유명해지다.

잠언의 지혜
THE WISDOM OF PROVERBS
솔로몬이 지혜를 따라 사는 법을 가르치다.

성전 건축
THE BUILDING OF THE TEMPLE
솔로몬이 성전을 세우고, 하나님이 그곳을 자신의 임재로 채우시다.

솔로몬의 우상 숭배
SOLOMON'S FALL INTO IDOLATRY
어리석은 결정이 결국 우상 숭배로 이어지다.

전도서에 담긴 인생의 의미
MEANING OF LIFE IN ECCLESIASTES
솔로몬이 인생의 목적과 의미를 사색하다.

욥의 고난
THE SUFFERING OF JOB
욥의 고난과 하나님의 자비.

솔로몬은 지혜를 청하기로 했습니다. 본문의 기도를 두 가지 측면에서 살펴볼 것인데, 솔로몬의 기도하는 자세와 목적입니다.

> 5기브온에서 밤에 여호와께서 솔로몬의 꿈에 나타나시니라 하나님이 이르시되 내가 네게
> 무엇을 줄꼬 너는 구하라 6솔로몬이 이르되 주의 종 내 아버지 다윗이 성실과 공의와 정직
> 한 마음으로 주와 함께 주 앞에서 행하므로 주께서 그에게 큰 은혜를 베푸셨고 주께서 또
> 그를 위하여 이 큰 은혜를 항상 주사 오늘과 같이 그의 자리에 앉을 아들을 그에게 주셨나
> 이다 7나의 하나님 여호와여 주께서 종으로 종의 아버지 다윗을 대신하여 왕이 되게 하셨
> 사오나 종은 작은 아이라 출입할 줄을 알지 못하고 8주께서 택하신 백성 가운데 있나이다
> 그들은 큰 백성이라 수효가 많아서 셀 수도 없고 기록할 수도 없사오니 9누가 주의 이 많은
> 백성을 재판할 수 있사오리이까 듣는 마음을 종에게 주사 주의 백성을 재판하여 선악을
> 분별하게 하옵소서 10솔로몬이 이것을 구하매 그 말씀이 주의 마음에 든지라 11이에 하나님
> 이 그에게 이르시되 네가 이것을 구하도다 자기를 위하여 장수하기를 구하지 아니하며 부
> 도 구하지 아니하며 자기 원수의 생명을 멸하기도 구하지 아니하고 오직 송사를 듣고 분별
> 하는 지혜를 구하였으니 12내가 네 말대로 하여 네게 지혜롭고 총명한 마음을 주노니 네 앞
> 에도 너와 같은 자가 없었거니와 네 뒤에도 너와 같은 자가 일어남이 없으리라(왕상 3:5~12).

students

솔로몬이 기도할 때, 자신을 어떻게 바라봤는지에 주목하십시오. 그는 큰 백성의 왕이 될 자격이 없음을 스스로 인정했습니다. 게다가 하나님의 약속 덕분에 그 자리에 있음을 인식하고 있었습니다. 하나님이 그를 세우셨고, 그것은 하나님의 은혜였습니다.

솔로몬의 기도하는 자세는 우리에게 왜 모범이 됩니까?

우리가 자신의 진면모를 안다면, 하나님께 지혜를 간구하지 않을 수 없을 것입니다. 우리 삶에 베푸신 하나님의 은혜를 깨닫고 우리 앞에 놓인 과업이 자신의 힘만으로는 불가능하다는 것을 인정한다면, 자신을 겸손히 낮추고 신적인 지혜에 접근하게 될 것입니다. 그러나 우리 자신을 과대평가한다면 자신만의 지혜와 힘으로 살아가는 위험에 처하게 될 것입니다.

솔로몬은 하나님의 백성을 잘 인도하기 위해 하나님의 지혜를 구했습니다. 자신을 위한 요청이었지만, 그의 목적은 지혜를 사용해 의와 평등으로 이스

라엘 백성을 인도하는 것이었습니다. 다시 말해서 지혜를 청한 동기가 이타심에 있었던 것입니다. 이 때문에 그의 기도는 주님을 기쁘시게 했습니다.

솔로몬의 선택과 하나님의 응답에서 기도 요청과 관련해 어떤 것을 배울 수 있습니까?

하나님이 내게 지혜를 주셨어!

students

솔로몬은 지혜를 구하는 기도를 하고 나서 하나님이 그에게 주신 지혜의 깊이를 시험하는 상황에 처하게 됩니다. 두 명의 창기가 찾아와서 문제 해결을 요구한 것입니다. 본문을 통해 솔로몬이 어떻게 대응했는지 살펴보겠습니다.

16그때에 창기 두 여자가 왕에게 와서 그 앞에 서며 17한 여자는 말하되 내 주여 나와 이 여
자가 한집에서 사는데 내가 그와 함께 집에 있으며 해산하였더니 18내가 해산한 지 사흘 만
에 이 여자도 해산하고 우리가 함께 있었고 우리 둘 외에는 집에 다른 사람이 없었나이다 19
그런데 밤에 저 여자가 그의 아들 위에 누우므로 그의 아들이 죽으니 20그가 밤중에 일어나
서 이 여종 내가 잠든 사이에 내 아들을 내 곁에서 가져다가 자기의 품에 누이고 자기의 죽
은 아들을 내 품에 뉘었나이다 21아침에 내가 내 아들을 젖 먹이려고 일어나 본즉 죽었기로
내가 아침에 자세히 보니 내가 낳은 아들이 아니더이다 하매 22다른 여자는 이르되 아니라
산 것은 내 아들이요 죽은 것은 네 아들이라 하고 이 여자는 이르되 아니라 죽은 것이 네 아
들이요 산 것이 내 아들이라 하며 왕 앞에서 그와 같이 쟁론하는지라 23왕이 이르되 이 여
자는 말하기를 산 것은 내 아들이요 죽은 것은 네 아들이라 하고 저 여자는 말하기를 아니
라 죽은 것이 네 아들이요 산 것이 내 아들이라 하는도다 하고 24또 이르되 칼을 내게로 가
져오라 하니 칼을 왕 앞으로 가져온지라 25왕이 이르되 산 아이를 둘로 나누어 반은 이 여
자에게 주고 반은 저 여자에게 주라 26그 산 아들의 어머니 되는 여자가 그 아들을 위하여
마음이 불붙는 것 같아서 왕께 아뢰어 청하건대 내 주여 산 아이를 그에게 주시고 아무쪼
록 죽이지 마옵소서 하되 다른 여자는 말하기를 내 것도 되게 말고 네 것도 되게 말고 나누
게 하라 하는지라 27왕이 대답하여 이르되 산 아이를 저 여자에게 주고 결코 죽이지 말라
저가 그의 어머니이니라 하매 28온 이스라엘이 왕이 심리하여 판결함을 듣고 왕을 두려워

하였으니 이는 하나님의 지혜가 그의 속에 있어 판결함을 봄이더라(왕상 3:16~28).

students

이 이야기는 하나님이 솔로몬의 기도에 진정으로 응답하셨음을 보여 줍니다. 이스라엘 백성은 그들의 왕이 하나님이 주신 지혜와 분별력으로 통치한다는 것을 알았습니다. 이것이 바로 솔로몬에게 지혜를 주겠다고 약속하신 하나님이 그 약속을 이루기 위해 헌신하셨다는 증거입니다. 우리가 섬기는 하나님은 이런 분입니다. 약속한 것을 행하시는 분입니다.

솔로몬과 같은 상황에 놓일 일은 거의 없겠지만(그러지 않기를 바랍니다!), 지혜가(그리고 지혜의 적용이) 필요한 문제에 직면하게 되리라는 것은 분명합니다. 예를 들어 학교에서 무신론자들과 토론하거나, 친구들에게 성에 관한 성경적 관점을 설명할 때 지혜가 필요할 것입니다. 지혜가 필요한 상황은 무수히 많습니다. 감사하게도, 하나님은 모든 지혜와 이해심을 가지고 계십니다.

솔로몬의 지혜는 그의 나라뿐 아니라 주변 나라에도 널리 알려졌습니다. 솔로몬은 세계의 모든 지식을 아는 듯 보였습니다. 여기서 우리는 겸손히 하나님께 순종하고 그분이 주신 지혜로 행할 때 임한 놀라운 축복을 보게 됩니다.

29하나님이 솔로몬에게 지혜와 총명을 심히 많이 주시고 또 넓은 마음을 주시되 바닷가의
모래같이 하시니 30솔로몬의 지혜가 동쪽 모든 사람의 지혜와 애굽의 모든 지혜보다 뛰어
난지라 31그는 모든 사람보다 지혜로워서 예스라 사람 에단과 마홀의 아들 헤만과 갈골과
다르다보다 나으므로 그의 이름이 사방 모든 나라에 들렸더라 32그가 잠언 삼천 가지를 말
하였고 그의 노래는 천다섯 편이며 33그가 또 초목에 대하여 말하되 레바논의 백향목으로
부터 담에 나는 우슬초까지 하고 그가 또 짐승과 새와 기어다니는 것과 물고기에 대하여
말한지라 34사람들이 솔로몬의 지혜를 들으러 왔으니 이는 그의 지혜의 소문을 들은 천하
모든 왕들이 보낸 자들이더라(왕상 4:29~34).

우리는 하나님의 지혜로 행할 때 최선의 상태로 살 수 있습니다. 우리는 잠언을 3,000개나 짓지는 못할지라도, 복음을 전할 때 지혜를 주실 하나님을 신뢰할 수 있습니다. 어려운 시기를 헤쳐 나가는 배우자에게 현명한 조언을 해 줄 수도 있습니다. 하나님이 주시는 지혜를 받아야 삶의 험난한 지형을 탐색할 수 있습니다.

▶ 지혜가 필요했던 사람은 솔로몬만이 아닐 것입니다. 현재 직면해 있는 상황에서 당신은 하나님께 무엇을 구하겠습니까?

그리스도와의 연결

솔로몬의 이야기를 살펴볼수록, 그가 여러 면에서 제대로 갖춘 왕이었음을 알게 됩니다. 그는 우리에게 많은 것을 일깨워 줍니다.

그러나 무엇보다도 솔로몬은 우리에게 그보다 훨씬 위대하신 한 왕을 가리켜 보입니다. 바로 온전한 지혜와 신실함으로 다스릴 왕이십니다. 그분은 지혜로 통치하며 하나님을 신뢰하는 데 전혀 거리낌이 없으신 분입니다. 그분은 바로 무한한 지혜로 다스리고 통치하시는 진정한 왕 예수 그리스도이십니다. 그래서 바울은 이렇게 말했습니다. "그 안에는 지혜와 지식의 모든 보화가 감추어져 있느니라"(골 2:3).

우리는 솔로몬보다 더 위대한 왕이 누구인지 알 수 있으며, 그분의 통치와 주권 아래 들어갈 수 있습니다. 지혜로운 사람은 예수님을 바라보고 모든 면에서 그분께 온전히 순종합니다. 지혜를 보고 싶습니까? 그러면 예수님께 시선을 고정해 보십시오. 진정한 왕을 위해 살고, 세상에 그분의 왕권을 선포하며 살기를 바랍니다.

알짬 교리 **99**

진실하신 하나님

성경은 하나님 안에는 거짓이 없다고 분명하게 말합니다(딛 1:2; 히 6:18). 하나님은 모든 것을 있는 그대로 드러내십니다. 우리에게 주신 모든 말씀의 진실성을 하나님이 보증하시므로 하나님의 모든 말씀은 신뢰할 만합니다. 사람에게 정직하고 거짓 증언하지 말라는 말씀은 우리를 창조하신 분의 완전한 진실성에 근거한 말씀입니다. 진실을 말하는 것이야말로 우리가 하나님의 형상을 지닐 수 있는 유일한 방법입니다. 하나님의 아들은 곧 "길이요 진리요 생명"이십니다(요 14:6).

YOUR STORY

5~10분

하나님이 들려주시는 이야기는 오늘을 사는 나와 늘 연결되어 있습니다. 아래 질문에 답하면서 성경 이야기가 내 이야기와 어떻게 연결되는지 생각해 봅시다.

▶ **사람들이 지혜를 구하는 기도를 잘 하지 않는 이유는 무엇일까요?**
사람들은 주로 육체의 치유나 시련에 대한 도움 같은 구체적인 결과를 얻기 위해 기도합니다. 특정한 것을 위해 기도하는 것도 좋지만, 삶의 일상적인 것을 위해 지혜를 구하는 것도 도움이 됩니다. 이로 인해 자신 앞에 무슨 일이 일어나든 바르게 준비하고 대응할 수 있게 되기 때문입니다.

▶ **자신의 삶에서(또는 관계나 그 밖의 것에서) 지금 당장 하나님의 지혜가 필요한 부분은 어디입니까?**
이 질문에 관한 대답은 다양할 것입니다.

▶ **누군가에게 조언을 하거나 어떤 결정을 내릴 때, 주님이 지혜를 주시는 것을 느낀 적이 있습니까? 어떤 상황이었는지 설명해 주십시오.**
이 질문에 관한 대답은 다양할 것입니다.

▶ **이 과는 지혜를 구하며 살아가는 데 어떤 도전을 줍니까?**
이 질문에 관한 대답은 다양할 것입니다.

하나님의 이야기
하나님이 그분의 아들
예수 그리스도를 통해
우리를 구속해 주신 이야기

우리의 이야기
우리의 이야기가
하나님의 이야기와
만나는 곳

5~10분

YOUR MISSION

생각

하나님은 우리에게 지혜를 주시어 다른 사람과 잘 지내도록 하십니다. 야고보는 자신만을 위해 지혜를 구하는 것을 경고했습니다. "너희는 욕심을 내어도 얻지 못하여 … 너희가 얻지 못함은 구하지 아니하기 때문이요 구하여도 받지 못함은 정욕으로 쓰려고 잘못 구하기 때문이라"(약 4:2~3). 솔로몬은 다른 사람을 향한 경건한 소망이 있었기에 지혜를 구할 수 있었습니다.

- **우리 인생 가운데 지금 어떤 관계가 지혜의 혜택을 누리도록 할 수 있습니까?**
  이 질문에 관한 대답은 다양할 것입니다.
- **어떻게 하면 자신보다 다른 사람의 필요를 먼저 생각할 수 있을까요?**
  이 질문에 관한 대답은 다양할 것입니다.

마음

예수님이 제자들에게 말씀하셨습니다. "나는 포도나무요 너희는 가지라 그가 내 안에, 내가 그 안에 거하면 사람이 열매를 많이 맺나니 나를 떠나서는 너희가 아무것도 할 수 없음이라 사람이 내 안에 거하지 아니하면 가지처럼 밖에 버려져 마르나니 사람들이 그것을 모아다가 불에 던져 사르느니라"(요 15:5~6). 우리가 쉬이 인정하지 않는다 해도, 그분 없이 우리는 정말 아무것도 아닙니다. 우리는 하나님 앞에서 자신을 낮춰야 하는데, 그분을 온전히 의지하고 그분께 모든 염려를 맡겨 드린다면 절대로 후회하지 않을 것입니다.

- **주님 안에 있지 않고서는 어떤 선한 일도 할 수 없음을 기억하는 것이 왜 중요할까요?**
  지혜는 하나님에 대한 건강한 두려움과 그분을 의지하고 있다는 인식에 근거한 겸손한 마음에서 출발합니다. 이 진리를 자신에게 끊임없이 상기시킨다면, 지혜롭게 자라가고 자신과 주변 사람 모두의 유익을 위해 살아가는 더 좋은 입장에 서게 될 것입니다.
- **우리 안에 있는 겸손이 어떻게 다른 사람을 섬기게 합니까?**
  겸손해짐으로써 다른 사람들의 필요를 자신보다 우선할 수 있습니다.

행동

하나님이 우리에게 지혜를 주신 또 다른 이유는 세상에 복음을 좀 더 잘 전하도록 하기 위해서입니다. 즉 지혜는 선교를 위한 것입니다! 지혜는 주변의 비그리스도인과 관계를 잘 맺기 위해서도 필요합니다. 기독교에 회의적이거나 심지어 적대적인 사람과 소통하는 데도 필요합니다. 사람들이 사방에서 솔로몬의 말을 듣기 위해 찾아온 것은 그에게 하나님이 주신 지혜가 있었기 때문입니다(왕상 4:34).

- **돈, 권력, 쾌락과 같은 것들보다 지혜를 중요시합니까? 그 이유는 무엇입니까?**
  이 질문에 관한 대답은 다양할 것입니다.
- **우리도 솔로몬처럼 지혜로 하나님의 위대하심을 드러낼 수 있을까요?**
  이 질문에 관한 대답은 다양할 것입니다.

다음 모임까지
사무엘하 1~4장; 시편 6편; 9편; 10편; 14편; 16편; 21편을
읽어 보세요.

08

지혜란 이런 거야

요 약

하나님은 우리에게 말씀을 주셔서 지혜롭게 행하는 법을 가르치셨습니다. 이 과에서는 잠언을 통해 지혜가 어떻게 주님을 경외함에서 비롯되는지, 어떻게 우리를 하나님을 향한 믿음으로 이끄는지, 그리고 일상생활에서 실제로 어떤 도움을 주는지를 배울 것입니다. 또한 지혜가 우리를 예수 그리스도께로 인도하며, 그리스도인의 삶에서 나타난 지혜를 통해 사람들이 주님께로 인도된다는 것을 알게 될 것입니다.

성 경

잠언 1장 1~7절; 3장 1~8절; 22장 1~10절

HIS STORY

20~30분

포 인 트

지혜는 정보일 뿐만 아니라, 우리가 살고자 하는 대로 성품의 변화를 이루는 것이다.

등 장 인 물

삼위일체 하나님(성부, 성자, 성령)
솔로몬(다윗의 아들로서 그의 뒤를 이어 이스라엘을 다스림. 하나님이 주신 지혜로 구약의 많은 지혜 문학을 쓰고 성전을 건축함)

메시지 좌표

잠언을 통해 하나님이 솔로몬에게 주신 지혜의 깊이를 살펴볼 것입니다. 지금까지 다루었던 이야기나 서사와 달리 잠언은 지혜 문학에 속합니다. 잠언은 다양한 문학 요소로 구성되어 있는데, 지혜의 가치와 일상생활에서 지혜대로 살아가는 중요성을 담고 있습니다. 이를 염두에 두고 잠언에 담긴 지혜를 살펴봅시다.

도 입

5~10분

'지혜'란 무엇입니까? 어떤 사람은 지식과 정보라고 말합니다. 또 어떤 사람은 인생 경험쯤으로 생각합니다. 행운의 과자 속에 든 한 줄짜리 경구를 떠올리는 사람도 있을 것입니다. 그런데 성경은 지혜에 관해 어떻게 말합니까? 우리에게는 개미만큼의 안목만 있으면 됩니다. 예, 개미 말입니다! 개미를 무엇의 전형으로 삼는 일은 매우 드뭅니다. 그런데 솔로몬은 개미를 지혜의 모범으로 삼고, 이렇게 지적했습니다. "게으른 자여 개미에게 가서 그가 하는 것을 보고 지혜를 얻으라 개미는 두령도 없고 감독자도 없고 통치자도 없으되 먹을 것을 여름 동안에 예비하며 추수 때에 양식을 모으느니라"(잠 6:6~8). "땅에 작고도 가장 지혜로운 것 넷이 있나니 곧 힘이 없는 종류로되 먹을 것을 여름에 준비하는 개미와"(잠 30:24~25).

여기서 초점은 개미의 지식이나 경험이 아닙니다. 개미는 어떻게 살아야 하는지를 안다는 것입니다. 개미는 마땅히 해야 할 일을 알고 있습니다. 삶의 단계를 탐색하는 법도 압니다. 지혜와 통찰력과 분별력을 가졌을 것 같아 보이지 않는 작은 개미인데 말입니다!

지혜는 지식 못지않게 중요합니다. 오히려 지식 이상으로 중요합니다. 지혜는 무엇을 아는가보다 어떻게 해야 할지를 아는 것입니다. 지혜로운 사람은 세상에서 신실하게 살아가는 법을 알고 있습니다.

▸ '지혜' 하면 떠오르는 것은 무엇입니까?

▸ 지금 지혜가 필요한 상황에 직면해 있습니까?

도입 선택

집 짓는 것과 관련해 알고 있는 것을 토대로 토론하게 하십시오. 학생들은 자기가 짓고 싶은 집의 모양이나 건축 자재나 일꾼들의 유형을 언급할 수 있습니다. 청사진, 즉 집을 짓기 위한 계획과 원칙에 관해서도 이야기를 나누십시오. 그런 다음 이렇게 말해 주십시오. "여러분은 어떤 집을 지어야 할지, 집을 짓는데 무엇이 필요한지 알고 있습니다. 하지만 집을 짓는 방법을 모른다면 공터만 남을 것입니다." 하나님은 우리에게 그분의 말씀대로 살도록 청사진을 주시지만, 지혜대로 살아간다는 것은 그분이 하신 말씀을 아는 것 이상을 요구합니다. 지혜대로 살아가려면 하나님이 우리 성품을 내부에서부터 변화시켜 주셔야 합니다. 하나님의 말씀은 우리가 그분을 따를 필요가 있다는 정보를 주지만, 예수님을 믿는 것만이 구원을 가져다줍니다. 그러면 그분이 우리 삶을 위한 하나님의 청사진을 따라 살 수 있는 지혜를 주십니다.

• *어떤 상황을 지혜로 탐색하는 데 성경이 도움이 되었던 순간을 나누어 보십시오.*

하나님을 경외해야 지혜이지!

students

지혜는 하나님과의 관계에서 시작됩니다. 그분은 모든 지혜와 통찰력과 지식의 원천이십니다. 오직 어리석은 자만이 하나님 없이 살려고 애씁니다. 이것이 솔로몬이 잠언을 시작하며 주장하는 것입니다.

1다윗의 아들 이스라엘 왕 솔로몬의 잠언이라 2이는 지혜와 훈계를 알게 하며 명철의 말씀
을 깨닫게 하며 3지혜롭게, 공의롭게, 정의롭게, 정직하게 행할 일에 대하여 훈계를 받게 하
며 4어리석은 자를 슬기롭게 하며 젊은 자에게 지식과 근신함을 주기 위한 것이니 5지혜 있

연 대 표

잠언의 지혜
THE WISDOM OF PROVERBS
솔로몬이 지혜를 따라 사는 법을 가르치다.

성전 건축
THE BUILDING OF THE TEMPLE
솔로몬이 성전을 세우고, 하나님이 그곳을 자신의 임재로 채우시다.

솔로몬의 우상 숭배
SOLOMON'S FALL INTO IDOLATRY
어리석은 결정이 결국 우상 숭배로 이어지다.

전도서에 담긴 인생의 의미
MEANING OF LIFE IN ECCLESIASTES
솔로몬이 인생의 목적과 의미를 사색하다.

욥의 고난
THE SUFFERING OF JOB
욥의 고난과 하나님의 자비.

시편의 경배
WORSHIP IN THE PSALMS
그리스도인의 삶에서 시편의 중요성 들여다보기.

는 자는 듣고 학식이 더할 것이요 명철한 자는 지략을 얻을 것이라 6잠언과 비유와 지혜 있
는 자의 말과 그 오묘한 말을 깨달으리라 7여호와를 경외하는 것이 지식의 근본이거늘 미
련한 자는 지혜와 훈계를 멸시하느니라(잠 1:1~7).

students

먼저, 지혜로운 것은 정보를 받아들이는 것과 관련이 있음에 주목하십시오. 지혜에는 이해력, 통찰력 있는 격언, 가르침, 학식, 지식이 포함됩니다. 하지만 지혜는 정보 그 이상의 것이며, 분명히 그 이하는 아닙니다. 살아가는 방법을 아는 것은 목적, 격언, 가르침을 아는 것에 달려 있습니다.

지혜에는 정보가 포함됩니다. 하지만 정보를 많이 가지고 있다고 해서 지혜로운 것은 아닙니다. 솔로몬은 주님을 경외하는 것이 지혜의 근거라고 했습니다(잠 1:7). 지혜는 홀로 모든 지혜와 지식을 소유하고 계신 하나님을 경외하는 것에서 시작됩니다.

잠시 생각해 봅시다. 하나님은 말 그대로 모든 것에 대해서 모든 것을 알고 계십니다. 배우실 것이 없습니다. 새로운 생각을 하지도 않으십니다. 새로운 정보에 놀라는 법도 없으십니다. 모든 정보를 하나도 빠뜨리지 않고 완전히 다 알고 계시기 때문입니다. 모든 분야의 전문가이십니다. 알지 못하는 정보가 하나도 없으십니다. 그러니 주님을 경외하지 않는 것은 어리석은 일입니다(잠 1:7). 하나님은 참 지혜로 나아가는 길 가운데 하나가 아니라, 유일한 길이십니다!

성경적인 관점에서 보면, 주님을 경외하지 않거나 그분의 길로 행하지 않는 사람은 지혜를 얻을 수 없습니다. '주님을 경외하라'는 것은 두려움에 벌벌 떨라는 것이 아니라 주님을 숭배하며 만물 위에 주님을 높이는 법을 배우라는

알짬 교리 **99**

전지하신 하나님

성경은 하나님이 모든 것을 알고 계신다고 가르칩니다. 하나님은 "완전한 지식"(욥 37:16)을 가지신 분이며 이 지식은 과거, 현재, 그리고 자유의지를 부여받은 피조물들이 앞으로 내릴 결정들을 포함한 미래의 모든 것에 미칩니다. 하나님의 지식은 완전하며, 하나님은 시간을 넘어서서 존재하시는 분이므로 앞으로 일어날 모든 일을 알고 계십니다. 모든 것을 알고 계시는 하나님의 지식 앞에서 우리는 인간의 지식은 유한하다는 것과 하나님의 결정들은 지혜롭고 선하다는 것을 인정해야 합니다.

것입니다. 주님보다 더 소중한 이가 없고, 주님보다 더 귀한 것이 없습니다.

하나님을 믿어야 지혜이지!

students

우리는 '너 자신을 믿어라!' 하고 권하는 시대를 살고 있습니다. 어느 정도 자신감을 갖는 것은 건강하고 좋은 일입니다. 그러나 자기 자신만 믿으며 살아가는 것은 어리석은 일입니다. 참 지혜는 자신이 아닌 하나님을 믿도록 인도하기 때문입니다.

우리는 어리석은 자는 지혜와 훈계를 멸시한다는 것을 알고 있습니다. 이것은 달리 말하면, 어리석은 자가 주님을 경외하지 않아서 주님을 멸시하는 것입니다. 이제 우리는 지혜가 어떻게 주님을 경외하게 하고, 그분을 신뢰하고 의지하게 하며 삶의 중심에 모시게끔 하는지 보게 될 것입니다.

> 1내 아들아 나의 법을 잊어버리지 말고 네 마음으로 나의 명령을 지키라 2그리하면 그것이
> 네가 장수하여 많은 해를 누리게 하며 평강을 더하게 하리라 3인자와 진리가 네게서 떠나
> 지 말게 하고 그것을 네 목에 매며 네 마음판에 새기라 4그리하면 네가 하나님과 사람 앞에
> 서 은총과 귀중히 여김을 받으리라 5너는 마음을 다하여 여호와를 신뢰하고 네 명철을 의
> 지하지 말라 6너는 범사에 그를 인정하라 그리하면 네 길을 지도하시리라 7스스로 지혜롭
> 게 여기지 말지어다 여호와를 경외하며 악을 떠날지어다 8이것이 네 몸에 양약이 되어 네
> 골수를 윤택하게 하리라(잠 3:1~8).

students

본문에 나오는 솔로몬의 요점은 '너 자신을 믿지 말고, 주님을 믿어라!'입니다. 지혜는 주님을 경외함에서 비롯됩니다. 주님을 경외함은 바위처럼 단단한 믿음으로 나타나야 합니다. 그렇다면 하나님을 믿는다는 것은 무엇입니까?

우선 살펴볼 것은, 믿음은 독자적으로 행동하는 독립독행에서 벗어나 하나님을 의지하는 것입니다. 어리석은 자와 반대 유형으로 믿음을 살펴볼 수 있습니다. 어리석은 자들은 자신이 어딘가에 도달했다고 생각하지만, 사실은 세

상 지혜가 정해 놓은 한계 너머로 더 나아갈 수 없기 때문에 멈추었을 뿐입니다. 이것이 바로 솔로몬이 자기 아들에게 전심으로 주님을 신뢰하라고 당부했던 이유입니다. 나아가 이것은 솔로몬이 자기 지혜와 이해력을 신뢰하지 않았고, 자기 기준에 따라 스스로 현명하게 여기지도 않았다는 것을 보여 줍니다. 우리는 지혜의 표준이 아닙니다.

우리는 자신을 신뢰한 나머지 인생에 통달했다고 여겨서는 안 됩니다. 자신을 신뢰하는 동시에 주님을 신뢰한다는 것은 불가능한 일입니다. 반드시 하나가 다른 하나를 몰아내게 되어 있습니다. 자기 경험과 통찰력에 의지하다 보면 주님에 대한 신뢰나 간절함이 적어질 수밖에 없습니다. 반면 주님을 신뢰하면 할수록 자신을 신뢰하지 않게 될 것입니다. 주님을 신뢰하면, 주님이 우리의 길을 인도하시고 우리에게 기쁨과 평화를 허락하심을 알게 될 것입니다.

'너 자신을 믿어라!' 하고 유혹 받는 삶의 영역이 있다면 적어 보십시오. 자신 대신 주님을 의지한다면 어떻게 되겠습니까?

이렇게 살면 돼!

students

잠언은 실용적인 책입니다. 지혜는 삶에 관한 것이며, 행동하는 진리입니다. 하나님은 우리가 이치를 알 뿐만 아니라 이치대로 행하기를 원하십니다. 솔로몬은 자신이 내놓은 진리와 격언대로 사람들이 살아가기를 바랐습니다.

1많은 재물보다 명예를 택할 것이요 은이나 금보다 은총을 더욱 택할 것이니라 2가난한 자
와 부한 자가 함께 살거니와 그 모두를 지으신 이는 여호와시니라 3슬기로운 자는 재앙을
보면 숨어 피하여도 어리석은 자는 나가다가 해를 받느니라 4겸손과 여호와를 경외함의 보
상은 재물과 영광과 생명이니라 5패역한 자의 길에는 가시와 올무가 있거니와 영혼을 지키
는 자는 이를 멀리 하느니라 6마땅히 행할 길을 아이에게 가르치라 그리하면 늙어도 그것
을 떠나지 아니하리라 7부자는 가난한 자를 주관하고 빚진 자는 채주의 종이 되느니라 8악
을 뿌리는 자는 재앙을 거두리니 그 분노의 기세가 쇠하리라 9선한 눈을 가진 자는 복을 받
으리니 이는 양식을 가난한 자에게 줌이니라 10거만한 자를 쫓아내면 다툼이 쉬고 싸움과
수욕이 그치느니라(잠 22:1~10).

우리는 하나님의 말씀을 읽고 그에 관해 이야기하는 것에는 관심이 있지만, 실제로 그렇게 살아가는 것은 쉽지 않습니다. 야고보는 말씀을 듣기만 하는 것의 위험성을 이렇게 경고했습니다. "너희는 말씀을 행하는 자가 되고 듣기만 하여 자신을 속이는 자가 되지 말라"(약 1:22). 말씀을 읽기만 하고 행하지 않는 것은 자기기만입니다. 예수님은 지상명령을 내리며 이렇게 말씀하셨습니다. "그러므로 너희는 가서 모든 민족을 제자로 삼아 아버지와 아들과 성령의 이름으로 세례를 베풀고 '내가 너희에게 분부한 모든 것'을 가르쳐 지키게 하라 볼지어다 내가 세상 끝날까지 너희와 항상 함께 있으리라 하시니라"(마 28:19~20). 예수님은 우리가 말씀을 배우는 데 그치지 않고, 말씀대로 행하기를 원하십니다. 우리는 종종 아는 것만으로도 변화가 저절로 일어나리라는 생각에 빠지곤 합니다. 앎이 필요한 것은 사실이지만, 예수님이 우리에게 원하시는 것은 아는 대로 순종하는 것입니다.

본문 각 절의 주제를 한 문장으로 요약해 보십시오.

아래 제시된 내용이 답으로 가능합니다.

- 1절: 은행 잔고뿐 아니라 덕성도 기르자.
- 2절: 자신의 가치가 무엇을 가졌느냐 안 가졌느냐에 달려 있다고 생각하지 말라.
- 3절: 자기 한계를 인정하라.
- 4절: 겸손하라.
- 5절: 자신을 보호하라.
- 6절: 자녀에게 지혜를 가르쳐라.
- 7절: 빚을 조심하고 지혜롭게 관리하라.
- 8절: 의롭게 살라.
- 9절: 관대하라.
- 10절: 까다로운 사람을 대할 때 두려워하지 말라.

이제 잠시 물러서서 목록을 들여다보십시오. 지금까지 살펴본 모든 영역과 삶의 문제를 생각해 보십시오. 모두 본문의 10개 절 안에 다 들어 있습니다! 지혜는 재정, 양육, 사고방식, 세상을 대하는 태도 등 삶의 전 영역에서 요구됩니다. 지혜는 우리 삶에 들어와 온갖 수단을 다 동원합니다. 하나님은 우리에게 줄곧 말씀해 오셨습니다. 문제는 우리가 듣고 순종하는가입니다. 하나님이 지시하시는 일을 실제로 행하겠습니까?

그리스도와의 연결

students

이 과의 시작 부분에서 지혜가 하나님과의 관계에서 비롯됨을 배웠습니다. 신약에 나오는 바울의 말을 통해 이것을 더욱 생생히 알 수 있습니다. "너희는 하나님으로부터 나서 그리스도 예수 안에 있고 예수는 하나님으로부터 나와서 우리에게 지혜와 의로움과 거룩함과 구원함이 되셨으니"(고전 1:30). 예수님으로 말미암아 지혜가 정보나 통찰이 아니라는 사실을 알았습니다. 지혜가 곧 예수님입니다.

예수님은 가시화된 하나님의 지혜입니다. 예수님은 세상의 눈에는 어리석어 보이는 일을 하셨습니다. 우리를 위해 자기 목숨을 내어놓으신 것입니다. 예수님의 죽음과 부활 덕분에 우리가 주님을 알고 따를 수 있습니다. 주님을 경외하며 우리 모든 믿음을 주님께 맡길 수 있습니다. 우리가 그렇게 하면 주님이 우리를, 세상에서 주님의 복음을 선포하고 그 이름을 드러내는 지혜로운 자로 만들어 주십니다.

5~10분

YOUR STORY

하나님이 들려주시는 이야기는 오늘을 사는 나와 늘 연결되어 있습니다. 아래 질문에 답하면서 성경 이야기가 내 이야기와 어떻게 연결되는지 생각해 봅시다.

▸ **오늘날 사람들은 어디에서 정보나 가르침을 얻습니까?**
대중문화, 또래 친구, 부모, 선생님, 선후배 등을 예로 들 수 있습니다.

▸ **그리스도인이 가르침을 얻는 방식은 믿지 않는 사람과 어떻게 다릅니까?**
가장 큰 차이점은 그리스도인에게는 성경이 권위와 가르침의 주된 원천인 반면, 믿지 않는 자는 세상 것으로부터 교훈을 찾는다는 것입니다. 그렇다고 그리스도인이 어디서나 발견되는 진리를 모을 수 있다는 뜻은 아닙니다(모든 진리는 하나님의 진리). 그리스도인이 성경의 배경과 그 속에 담겨 있는 지혜에 반하는 모든 것을 검토한다는 뜻입니다.

▸ **주변 사람 가운데 성경의 지혜를 일관되게 행동으로 드러내는 사람이 있습니까?**
이 질문에 관한 대답은 다양할 것입니다.

▸ **삶에서 성경의 지혜를 추구하는 것과 관련해 이 과는 어떤 도전을 줍니까?**
이 질문에 관한 대답은 다양할 것입니다.

하나님의 이야기
하나님이 그분의 아들
예수 그리스도를 통해
우리를 구속해 주신 이야기

우리의 이야기
우리의 이야기가
하나님의 이야기와
만나는 곳

YOUR MISSION

5~10분

생 각

세상의 지혜와 성경의 지혜는 차이가 있습니다. 세상에도 어느 정도 지혜로운 사람이 있습니다만, 이는 세상 기준에 따른 것입니다. 솔로몬이라면 세상의 지혜와 하나님이 주신 참 지혜를 구별할 것입니다. 성경의 지혜는 주님을 경외하는 데서 비롯됩니다. 이것이 잠언 및 성경 전체의 중심 주제입니다. "여호와를 경외하는 것이 지혜의 근본이요 거룩하신 자를 아는 것이 명철이니라"(잠 9:10; 참조, 시 111:110). 지혜의 뿌리는 주님을 향한 경외감에 있습니다.

- **주님을 경외하는 것이 왜 지혜의 근본입니까?**
  하나님에 대한 건강한 두려움이 가져오는 지적 겸손은 우리가 지혜와 통찰력을 포함한 모든 것에 대해 하나님께 전적으로 의존한다는 것을 깨닫게 해 줍니다.
- **우리는 지혜를 어디에서 어떻게 찾아야 할까요?**
  한 가지 방법은 솔로몬의 모범을 따라 하나님 앞에서 자신을 낮추고, 그분을 의지하고 있음을 인정하고, 그분께 지혜를 달라고 간구하는 것입니다.

마 음

지혜는 단지 정보가 아니라 변화임을 깨닫는 것이 중요합니다. 분명 정보를 포함하기는 하지만, 지혜는 변화된 마음과 성품으로 살아 나가는 것을 의미합니다. 그것은 개인적인 차원, 즉 하나님을 향한 내적인 경외와 사랑에서 시작되어 지속적으로 표현되며, 일상에서 개인의 행동에 영향을 미치며 형성됩니다.

- **사람들이 지혜를 정보 습득과 동일시하는 이유는 무엇일까요?**
  이 질문에 관한 대답은 다양할 것입니다.
- **하나님의 지혜가 당신을 통해 역사하심이 당신의 삶 가운데 어떤 식으로 드러나고 있습니까?**
  이 질문에 관한 대답은 다양할 것입니다.

행 동

많은 사람이 말씀을 암송하고 연구하며 토론하면서도 실제로는 아무것도 하지 않는 '위험'에 빠져 살아갑니다. 하나님이 주신 모든 말씀이 우리 마음속에 뿌리를 내려야 하고, 그것이 하나님께 순종하는 모습으로 나타나야 합니다. 그래야만 다른 사람에게 하나님의 말씀을 전하고, 그 말씀에 순종하라고 요청할 수 있습니다. 주님의 진리가 우리의 마음을 꿰뚫지 못하고 우리가 순종에 이르지 못한다면, 다른 사람에게 주님을 전해도 열매를 맺지 못할 것입니다.

- **한 주간 어떤 노력으로 지혜와 함께 성장하겠습니까?**
  지혜와 관련해서 우리는 머리와 심장과 손 사이의 분명한 연관성을 볼 수 있습니다. 그것은 지식과 이해를 포함하지만, 마음의 변화는 물론 배운 대로 살아 내는 것도 포함합니다. 하나님의 말씀을 공부하는 것이 여기에 해당합니다. 한 달간 잠언 전체를 읽고, 그것을 삶으로 실천하십시오.
- **어떻게 하면 다른 사람과 하나님의 지혜를 나눌 수 있을까요?**
  이 질문에 관한 대답은 다양할 것입니다.

다음 모임까지
역대상 1~2장; 시편 43~44편; 49편; 84~85편; 87편을 읽어 보세요.

THE GOSPEL PROJECT

09

하나님의 집을 짓겠어요!

요 약

이 과에서는 솔로몬이 주님을 위해 성전을 짓는 모습을 보게 될 것입니다. 그가 왜 성전을 짓고 싶어 했는지, 어떻게 성전이 하나님의 이름을 모시고 그분의 임재를 드러냈으며 세상에 그분의 영광을 대표했는지 보게 될 것입니다. 그리스도인은 사도들이 '하나님의 성전'으로 묘사했던 교회에 속해 있습니다. 구약성경에서 성전은 장소를 가리켰지만, 신약성경에서는 백성을 가리킵니다. 우리는 세상을 향해 빛을 밝히고 소망을 주는 표지로서 하나님의 처소가 되기 위해 함께 지어져 가고 있습니다.

성 경

열왕기상 5장 1~5절; 8장 10~14, 54~61절

HIS STORY

20~30분

포 인 트

하나님은 멀리 계시지 않고, 언제나 자기 백성들 가운데 거하기를 원하신다.

등 장 인 물

삼위일체 하나님(성부, 성자, 성령)

솔로몬(다윗의 아들로서 그의 뒤를 이어 이스라엘을 다스림. 하나님이 주신 지혜로 구약의 많은 지혜 문학을 쓰고 성전을 건축함)

메시지 좌표

이 과에서는 솔로몬의 가장 큰 업적인 성전 건축에 대해 살펴볼 것입니다. 다윗의 때와 달리, 솔로몬이 통치하던 때는 온 나라가 평화로운 시기였습니다. 하나님이 다윗에게 약속하셨던 것처럼, 솔로몬은 이제 이스라엘 백성뿐 아니라 땅 끝에 있는 사람에게도 유익을 줄 수 있는 성전을 지을 기회를 갖게 되었습니다. 이 성전은 하나님이 백성 가운데 거하시는 곳이며, 모든 사람이 볼 수 있도록 하나님의 영광이 드러나는 곳입니다.

도 입

5~10분

현재 세계에서 가장 높은 건물은 두바이의 '부르즈 할리파'로 알려져 있습니다. 이 건물에 대해 그들은 스스로 이렇게 소개합니다. "부르즈 할리파는 세계에서 가장 높은 건물일 뿐만 아니라 전례 없는 국제 협력의 장이며, 진보의 상징이자 새롭고 역동적이며 번성하는 중동의 상징입니다. 또한 변화하는 세계에서 두바이의 역할이 커지고 있음을 보여 주는 확실한 증거이기도 합니다. 30년이 채 안 되어 도시가 지역의 중심에서 세계의 중심으로 탈바꿈했습니다. 이러한 성공은 석유 매장량이 아닌 인간의 재능과 독창성과 진취성에 달려 있는데, 부르즈 할리파가 그 비전을 구현해 낸 것입니다."

이처럼 부르즈 할리파는 단순한 건물이 아니라 메시지입니다. 우뚝 솟은 건물 그 이상의 의미가 있습니다. 이 건물은 전 세계에 뜻을 펼치기 위해 지어진 것입니다.

역사에는 탑, 성, 성벽 같은 거대 구조물이 등장합니다. 바벨탑 사건 이후에도 사람들은 계속해서 무엇인가를 쌓아 올리고 있습니다. 세계의 관심을 끌고 싶다면, 대형 건물을 세워야 합니다!

역사상 가장 위대한 지도자들과 세계 강국들은 대부분 자기 이름을 딴 건물을 가졌습니다. 솔로몬 왕 시대에도 마찬가지였습니다. 주변 국가들은 자신들의 신을 위해 성전을 지었습니다. 그러나 이스라엘의 하나님 야훼는 지역 신이 아니십니다. 그분은 온 세상의 하나님이십니다(출 9:16). 우주를 창조한 분이자 운행하는 분이며 온 열방을 통치하는 분이기에 이스라엘은 세계 앞에서 그분의 이름과 명성을 대표해야 했습니다.

▶ 역사상 위대한 건축물과 구조물의 목록을 작성해 보십시오. 이들을 보면 어떤 생각이 떠오릅니까? 이들은 어떤 메시지를 전달합니까?

도입 선택

이름은 중요합니다. 우리의 성을 생각해 보십시오. 그것은 부모와 형제를 포함한 직계 가족이 누구이고, 그 기원이 어디인지를 말해 줍니다. 같은 성을 가진 사람은 비슷한 DNA를 가질 것입니다. 우리는 우리의 이름으로 어디서나 가족을 대표합니다. 그리스도인은 하나님의 자녀로서 그분의 이름을 듣고, 세상에 그분의 사랑을 보여 주며, 그분의 길로 행하는 사람입니다. 또한 세상에서 그분을 대변하는 사람입니다.

- *하나님을 세상에 소개하는 책임감에 관해 생각할 때, 머릿속에 떠오르는 단어는 무엇입니까?*

집을 지을 때가 되었구나

이름에는 힘이 있습니다. 아돌프 히틀러, 스티브 잡스, 저스틴 비버, 버락 오바마, 타이거 우즈, 워런 버핏 등의 이름을 언급하다 보면 잘 모르는 사람과도 흥미롭게 대화를 시작할 수 있을 것입니다. 솔로몬 왕도 이것을 알았습니다. 그는 어떤 이름은 존경과 영광을 받을 가치가 있다는 것을 알았습니다. 이것이 그가 주님을 위해 집을 짓고 싶어 한 중요한 이유입니다.

연 대 표

성전 건축
THE BUILDING OF THE TEMPLE
솔로몬이 성전을 세우고, 하나님이 그곳을 자신의 임재로 채우시다.

솔로몬의 우상 숭배
SOLOMON'S FALL INTO IDOLATRY
어리석은 결정이 결국 우상 숭배로 이어지다.

전도서에 담긴 인생의 의미
MEANING OF LIFE IN ECCLESIASTES
솔로몬이 인생의 목적과 의미를 사색하다.

욥의 고난
THE SUFFERING OF JOB
욥의 고난과 하나님의 자비.

시편의 경배
WORSHIP IN THE PSALMS
그리스도인의 삶에서 시편의 중요성 들여다보기.

엘리야와 바알 선지자들
ELIJAH AND THE PROPHETS OF BAAL
하나님이 자신만이 하나님임을 알게 하시다.

students

솔로몬은 하나님이 주신 안식 가운데서 그분의 능력과 권능을 세상에 보일 성전을 지을 수 있었습니다. 하나님은 특정 장소에 매인 적이 없으셨습니다. 환상, 불타는 떨기나무, 불기둥, 성막, 언약궤를 통해 자신을 계시하셨지만 그분의 백성이 가리키며 '이곳이 하나님의 집이다'라고 할 만한 곳은 없었습니다. 변화는 솔로몬의 때에 찾아왔는데, 하나님의 영광과 명성을(시 8편) 나타내는 구조물을 지을 때가 마침내 온 것입니다. 그는 주님의 이름 '야훼'가 영화롭게 되고, 그 이름을 온 열방이 소중히 여기기를 바랐습니다.

1솔로몬이 기름 부음을 받고 그의 아버지를 이어 왕이 되었다 함을 두로 왕 히람이 듣고 그
의 신하들을 솔로몬에게 보냈으니 이는 히람이 평생에 다윗을 사랑하였음이라 2이에 솔로
몬이 히람에게 사람을 보내어 이르되 3당신도 알거니와 내 아버지 다윗이 사방의 전쟁으로
말미암아 그의 하나님 여호와의 이름을 위하여 성전을 건축하지 못하고 여호와께서 그의
원수들을 그의 발바닥 밑에 두시기를 기다렸나이다 4이제 내 하나님 여호와께서 내게 사방
의 태평을 주시매 원수도 없고 재앙도 없도다 5여호와께서 내 아버지 다윗에게 하신 말씀
에 내가 너를 이어 네 자리에 오르게 할 네 아들 그가 내 이름을 위하여 성전을 건축하리라
하신 대로 내가 내 하나님 여호와의 이름을 위하여 성전을 건축하려 하오니(왕상 5:1~5).

솔로몬이 성전을 통해 세상과 이스라엘에 전하려 했던 메시지는 무엇입니까? 그 답은 열왕기상 5장 4~5절에 있습니다. "이제 내 하나님 여호와께서 내게 사방의 태평을 주시매 원수도 없고 재앙도 없도다 여호와께서 내 아버지 다윗에게 하신 말씀에 내가 너를 이어 네 자리에 오르게 할 네 아들 그가 내 이름을 위하여 성전을 건축하리라 하신 대로 내가 내 하나님 여호와의 이름을 위하여 성전을 건축하려 하오니."

하나님을 영화롭게 하려고 사람들은 어떤 노력을 합니까?

내 집에 임하리라

솔로몬은 완공한 성전에 언약궤를 들이기 위해 제사장, 레위인, 지파의 우두머리와 함께 온 이스라엘을 모이게 했습니다(왕상 8:1~9). 그날 하나님이 백

성 가운데 영광을 나타내셨습니다. 원래 하나님은 아무도 볼 수 없는 어둠에 머물러 계셨지만(왕상 8:12), 이제 하나님의 이름과 임재를 위해 지어진 곳에서 자기 백성과 함께 거하기 위해 내려오셨습니다. 제사장들이 하던 일을 멈춰야 할 정도로 생생하게 다가오셨고, 그날 이스라엘은 하나님을 축복으로 받았습니다. 하나님이 주실 수 있는 가장 큰 축복이 바로 '임재'입니다. 백성 가운데 머무시려는 하나님의 뜻은 성경 전체에 두루 나타나 있습니다.

> 10제사장이 성소에서 나올 때에 구름이 여호와의 성전에 가득하매 11제사장이 그 구름으
> 로 말미암아 능히 서서 섬기지 못하였으니 이는 여호와의 영광이 여호와의 성전에 가득함
> 이었더라 12그때에 솔로몬이 이르되 여호와께서 캄캄한 데 계시겠다 말씀하셨사오나 13내
> 가 참으로 주를 위하여 계실 성전을 건축하였사오니 주께서 영원히 계실 처소로소이다 하
> 고 14얼굴을 돌이켜 이스라엘의 온 회중을 위하여 축복하니 그때에 이스라엘의 온 회중이
> 서 있더라(왕상 8:10~14).

하나님은 자기 백성 가운데 어떻게 거하십니까?
학생들에게 다음 성경 구절을 읽고 요약하게 하십시오.

- **창세기 1~3장** (이 부분은 분량을 감안해 학생들에게 요약본을 제공하는 것이 좋습니다). 아담과 하와가 죄를 짓고 하나님께 쫓겨나기 전까지 하나님은 그들과 함께 동산에서 거니셨습니다.
- **출애굽기 29장 42~46절** 하나님은 이스라엘 가운데 그분의 임재를 설정하고, 그들과 정기적으로 만나기 위해 성막과 궤의 복잡한 세부 사항을 모세에게 알려 주셨습니다.
- **에스겔 10장 18절** 하나님의 언약에 충실하지 못한 이스라엘이 받은 가장 큰 심판은 성전에서 주님이 그분의 모습을 감추시는 것이었습니다.
- **마태복음 1장 23절** 하나님이 자기 백성을 다시 찾아와 그들을 다시 강건하게 하시겠다는 약속은 예수님, '임마누엘'(하나님이 우리와 함께하신다)로 불리신 분으로 인해 성취됩니다.
- **요한계시록 21장 3절** 역사의 끝에서 모든 것이 제자리를 찾을 때, 우리는 요한계시록에서 이 약속을 읽게 됩니다. "하나님의 장막이 사람들과 함께 있으매 하나님이 그들과 함께 계시리니 그들은 하나님의 백성이 되고 하나님은 친히 그들과 함께 계셔서."

그리스도인에게 삶의 큰 희망은 하나님께 무엇인가를 얻어 내는 데 있지 않고, 하나님을 얻는 데 있습니다. 하나님은 우리가 그분의 임재를 느끼고, 그분에 관해 더 많이 알기를 원하십니다.

내 집에 사람들을 초청하여라

> 54솔로몬이 무릎을 꿇고 손을 펴서 하늘을 향하여 이 기도와 간구로 여호와께 아뢰기를 마
> 치고 여호와의 제단 앞에서 일어나 55서서 큰 소리로 이스라엘의 온 회중을 위하여 축복하
> 며 이르되 56여호와를 찬송할지로다 그가 말씀하신 대로 그의 백성 이스라엘에게 태평을
> 주셨으니 그 종 모세를 통하여 무릇 말씀하신 그 모든 좋은 약속이 하나도 이루어지지 아
> 니함이 없도다 57우리 하나님 여호와께서 우리 조상들과 함께 계시던 것같이 우리와 함께
> 계시옵고 우리를 떠나지 마시오며 버리지 마시옵고 58우리의 마음을 주께로 향하여 그의
> 모든 길로 행하게 하시오며 우리 조상들에게 명령하신 계명과 법도와 율례를 지키게 하시
> 기를 원하오며 59여호와 앞에서 내가 간구한 이 말씀이 주야로 우리 하나님 여호와께 가까
> 이 있게 하시옵고 또 주의 종의 일과 주의 백성 이스라엘의 일을 날마다 필요한 대로 돌아
> 보사 60이에 세상 만민에게 여호와께서만 하나님이시고 그 외에는 없는 줄을 알게 하시기
> 를 원하노라 61그런즉 너희의 마음을 우리 하나님 여호와께 온전히 바쳐 완전하게 하여 오
> 늘과 같이 그의 법도를 행하며 그의 계명을 지킬지어다(**왕상 8:54~61**).

students

솔로몬은 기도를 통해 백성을 축복하고 세상 만민이 "여호와께서만 하나님이시고 그 외에는 없는 줄을 알게 하시기를 원하노라"(60절) 하고 간구했습니다. 이것이 하나님이 이스라엘 민족을 택하신 이유 중 하나입니다. 하나님은 이스라엘만을 위해서가 아니라 열방을 위해 그들을 택하셨습니다. 그분은 열방이 주님 안에서 기뻐하기를 바라십니다(시 67편). 그들은 땅끝까지 주님의 영광을 전하는 사명을 지닌 특별한 민족이 될 것입니다(출 19:5~6).

이스라엘의 성전은 하나님이 온 땅 가운데 행하고자 하시는 일을 상징합니다. "이는 물이 바다를 덮음같이 여호와의 영광을 인정하는 것이 세상에 가득함이니라"(합 2:14)라는 하박국의 예언이 성취되도록 이스라엘뿐 아니라 모든 열방에 주님의 이름과 영광이 전해지기를 바라셨습니다.

하나님의 영광을 위해 그분의 이름을 퍼뜨리는 것보다, 그분이 우리를 위해 해 주실 일에 주목하도록 유혹을 느낀 적이 있습니까?

그리스도와의 연결

신약성경은 예수님이 하나님의 참 성전이며, 그분을 따르는 우리도 하나님의 성전이라고 가르칩니다. 하나님은 성령을 통해 그분의 백성 가운데 거하십니다. 베드로는 이렇게 말했습니다.

> 4사람에게는 버린 바가 되었으나 하나님께는 택하심을 입은 보배로운 산 돌이신 예수께
> 나아가 5너희도 산 돌같이 신령한 집으로 세워지고 예수 그리스도로 말미암아 하나님이
> 기쁘게 받으실 신령한 제사를 드릴 거룩한 제사장이 될지니라(벧전 2:4~5).

베드로에 따르면, 이제 우리는 제사장이 되었습니다. 하나님의 백성은 더 이상 성전 밖에 있지 않아도 되고, 그분의 이름으로 모일 때 주님이 만나 주십니다. 하나님의 임재는 그분의 백성이 있는 곳에서 나타나는데, 성령이 그 마음 가운데 거하시기 때문입니다. 불행히도 많은 그리스도인이 예배에 참석하면서도 하나님의 임재와 영광을 경험하지 못하는데, 휴대 전화에 주의를 빼앗기고, 해야 할 일과 걱정거리가 마음에 가득 차 있기 때문입니다. 그러나 베드로의 말이 사실이라면 하나님의 백성과 함께 모일 때 우리는 일주일 중에 가장 신나는 행사에 참여하는 것입니다.

알짬 교리 99

성령의 전

성령은 성도 개인 그리고 교회 공동체 안에 거하십니다(고전 3:16~17, 12:13). '성령의 전'인 우리는 이전과는 다른 삶을 살며, 내주하시는 성령의 역사로만 열리는 고결한 열매들을 맺습니다(갈 5:22-23). 성령이 내주하시며 행하시는 이러한 역사는 교회의 개개 구성원들에게 직분 수행에 필요한 은사들을 갖추게 해 줍니다.(고전 12:11).

YOUR STORY

5~10분

하나님이 들려주시는 이야기는 오늘을 사는 나와 늘 연결되어 있습니다. 아래 질문에 답하면서 성경 이야기가 내 이야기와 어떻게 연결되는지 생각해 봅시다.

▶ **하나님의 임재를 느낀 적이 있나요?**
이 질문에 관한 대답은 다양할 것입니다.

▶ **그때 하나님의 역사인지 어떻게 알았습니까?**
죄의 자각, 죄로부터의 회개, 하나님과 그분의 말씀에 대한 굶주림, 진정한 예배 등을 예로 들 수 있습니다.

▶ **주일 예배에 어떤 자세로 임하는지 솔직하게 말해 봅시다. 좀 더 의미 있고 유익한 예배가 되도록 준비하기 위해 할 수 있는 일에는 무엇이 있을까요?**
하나님이 예배를 위해 마음을 준비시켜 주시도록 기도하기, 밤에 푹 자기 위해 노력하기, 전화기 꺼 놓기 등을 예로 들 수 있습니다.

▶ **우리는 하나님의 성전으로서 세상을 향해 하나님을 대변할 수 있습니다. 하나님의 성전으로서 주변 사람과 어떻게 소통해야 할까요?**
모든 건축물과 마찬가지로 성전은 이를 지켜보는 사람에게 하나님에 관한 것을 전해 주었습니다. 하나님의 아름다움, 그분의 주권적인 능력, 그분의 임재와 같은 것입니다. 그리스도인 역시 마찬가지입니다. 그리스도인은 우리를 지켜보는 사람에게 우리 삶에서 하나님이 하신 일을 통해 그분의 은혜와 자비, 임재 등을 전할 수 있어야 합니다.

하나님의 이야기
하나님이 그분의 아들
예수 그리스도를 통해
우리를 구속해 주신 이야기

우리의 이야기
우리의 이야기가
하나님의 이야기와
만나는 곳

5~10분

YOUR MISSION

생 각

본문에서 깨닫게 되는 것은, 솔로몬이 성전을 짓기로 결심하면서 하나님을 위해 위대한 일을 시도했다는 것입니다. 솔로몬에게는 성전을 건축하려는 경건한 야망이 있었는데, 이 야망은 그의 자존심이나 찬사를 위해서가 아니라 하나님의 명성과 영광을 위한 것이었습니다. 한편, 바울이 사도행전 17장 24~25절에서 말한 것처럼, 하나님은 우리를 의지하지 않으시는 것도 인식해야 합니다.

- **"하나님으로부터 위대한 것을 기대하라. 하나님을 위해 위대한 일을 시도하라"라는 윌리엄 캐리(William Carey)의 명언은 어떤 의미를 담고 있습니까?**
  이 질문에 관한 대답은 다양할 것입니다.
- **하나님으로 인해 품은 목표와 야망이 있나요? 그것은 어떻게 예수님을 닮아 가게 하나요?**
  이 질문에 관한 대답은 다양할 것입니다.

마 음

이스라엘 백성은 완성된 성전을 가득 채운 하나님의 영광을 보며 그분을 향한 관심과 애정 가운데 진정한 예배로 나아갈 수 있었습니다. 오늘날 그리스도인 역시 매주 이와 같은 적용이 가능합니다. 우리는 장소에 상관없이 하나님의 임재와 영광이 자기 삶에 나타나기를 바라고 고대해야 합니다.

- **날마다 하나님의 임재와 영광이 나타나기를 기대할 수 있습니까?**
  간단히 말해서 모든 경험이 그렇습니다. 축구를 하든, 친구들과 저녁을 먹든, 그리스도인의 모든 삶의 활동은 하나님의 영광을 나타냅니다.
- **자신이 하는 모든 일에서 하나님의 영광을 어떻게 구할 수 있습니까?**
  이 질문에 관한 대답은 다양할 것입니다.

행 동

그리스도인으로서 우리는 땅 위에 있는 하나님의 성전입니다. 하나님은 우리 안에 거하시며 우리를 채우십니다(엡 2:18~22; 벧전 2:4~5). 우리를 부르신 하나님이 주신 위대한 선교 사명은 도움이 필요한 학생에게 친구가 되어 주고, 비그리스도인을 위해 시간과 안락함을 포기하고, 용기를 내어 기독교를 소개하며 평범하게 살아가는 그리스도인에게서 시작됨을 우리는 이해해야 합니다. 날마다 사명감을 가지고 하나님이 우리를 통해 하고자 하시는 일을 무엇이든 기꺼이 하려는 것에서 시작됩니다.

- **복음을 전하며 살아갈 때 느끼게 되는 가장 큰 두려움은 무엇입니까?**
  거절에 대한 두려움, 반대 의견에 답할 수 없을 거라는 두려움 등을 예로 들 수 있습니다.
- **세상을 향한 하나님의 마음을 깨닫는 것은 두려움을 극복하는 데 도움이 될까요?**
  하나님은 세상을 사랑하시며, 또한 사람들과 올바른 관계를 맺기 원하십니다. 그러므로 우리는 잃어버린 자를 찾으시는 주님의 사명을 따르려는 목적의식을 가지고 살아가야 합니다.

다음 모임까지
역대상 3~6장;
시편 36편; 39편;
77~78편을
읽어 보세요.

10

내 말을 잊었느냐? 어리석구나

요 약

이 과에서는 솔로몬이 통치 말기에 드러낸 어리석음을 보게 될 것입니다. 솔로몬의 이야기는 누구나 어리석은 선택을 하면, 하나님과의 동행에서 이탈할 수 있다는 것을 상기시켜 줍니다. 또한 우리의 유일한 소망은 예수 그리스도, 곧 지혜와 의가 완전하신 진정한 왕께 있음을 일깨워 줍니다.

성 경

열왕기상 11장 1~13절; 누가복음 11장 31절

HIS STORY

20~30분

포 인 트

어리석음은 인생의 모든 영역에서 하나님께 영광을 돌리지 못하게 한다.

등 장 인 물

삼위일체 하나님(성부, 성자, 성령)

솔로몬(다윗의 아들로서 그의 뒤를 이어 이스라엘을 다스림. 하나님이 주신 지혜로 구약의 많은 지혜 문학을 쓰고 성전을 건축함)

메시지 좌표

지금까지 살펴본 솔로몬 이야기는 모두 긍정적이었습니다. 하나님은 그를 지혜로 축복하셨고, 그는 그 지혜를 사용해 하나님의 백성에게 유익을 주었습니다. 하나님은 그를 화평으로 축복하셨고, 성전을 지을 능력을 주셨습니다. 모든 일이 잘 풀렸습니다. 하나님이 아브라함에게 주셨던 약속이 실현되는 것처럼 보였습니다. 하나님의 백성이 건짐을 받았고, 그들은 그분이 약속하신 땅에서 살았고, 그들에게는 선하고 지혜로운 왕이 있었으며, 다른 나라도 그 왕이 가진 지혜의 덕을 보았습니다. 그러나 이러한 상황이 지속될까요? 역사는 솔로몬의 통치를 어떻게 기억할까요?

도 입

5~10분

톨킨(J. R. R. Tolkien)의 걸작 〈반지의 제왕〉에서 가장 인상적인 장면 중 하나는 진정한 왕 아라곤이 마침내 왕관을 쓰고 그에게 합당한 왕좌에 오르는 장면입니다. 이 영화를 봤다면 이 장면에서 가슴이 벅차오르는 것을 느꼈을 것입니다. 우리는 지상의 왕에게 다스림을 받아 본 적이 없지만, 이 장면에 공감합니다. 왜 그럴까요? 우리가 마음속 깊이 왕을 갈망하고 있기 때문은 아닐까요? 우리가 갈망하는 왕은 그저 그런 왕이 아니라, 선하고 지혜롭고 은혜로운 왕입니다. 그 왕은 공의와 의로 다스리고 통치하는 분입니다. 모든 것을 제자리로 돌려놓으실 분입니다.

성경을 보면 우리의 갈망이 진리에서 비롯되었음을 알 수 있습니다. 진정한 왕이 계십니다. 모든 일을 바로잡기 위해 그분이 다시 오실 것입니다! 불행히도 역사는 우리가 거짓 왕을 너무나도 자주 맞아들인다는 사실을 보여 줍니다. 심지어 선했던 왕도 악의 길로 들어설 수 있습니다.

처음에 이스라엘이 다른 나라처럼 왕을 갖기를 원하고 요구했을 때, 하나님은 그들의 요구를 못마땅해 하셨습니다. 하나님이 기뻐하지 않으신 까닭은 그들이 왕을 원해서가 아니라 잘못된 왕을 원했고, 다른 나라와 같아지기를 바랐기 때문이었습니다. 하나님은 그들의 요구를 받아들여 주셨지만, 왕을 좇다 보면 하나님을 따르는 마음이 돌아설 수 있다고 경고하셨습니다.

솔로몬 왕이 대표적인 예일 것입니다. 한때 지혜와 공의로 다스렸으나, 주지하다시피 그를 왕으로 불러 세워 주신 하나님에게서 돌아서면서부터 그의 삶과 통치는 통제 불능 상태가 되었습니다. 한때는 지혜의 모범이었으나, 이제는 어리석음의 본보기가 된 것입니다.

▶ 경건했던 지도자가 어리석은 짓을 하는 것을 보고 실망한 적이 있습니까? 그때 어떤 반응을 보였습니까?

도입 선택

1858년 6월 15일 링컨(Lincoln, Abraham)이 미국 노예 제도와 관련해 가장 중대한 연설 중 하나를 했습니다. 이 연설은 일리노이 상원의원으로도 뽑히지 못했던 그를 국가적 차원의 무대로 끌어올렸습니다. 당시 연설 가운데 "스스로 분리된 집은 서 있을 수 없다"라는 구절이 나오는데 이 부분은 자주 인용되었습니다.

그런데 이 구절이 성경에 뿌리를 두고 있다는 사실을 많은 사람이 알지 못합니다. 예수님은 "스스로 분쟁하는 나라마다 황폐하여질 것이요 스스로 분쟁하는 동네나 집마다 서지 못하리라"(마 12:25)라고 말씀하셨습니다. 솔로몬의 마음은 아내들과 재물들 사이에서 나뉜 채 하나님을 따랐습니다. 이 분열 때문에 그는 어리석은 결정을 했습니다. 같은 방식으로, 우리 마음이 분열된다면 우리 역시 어리석은 결정을 내리게 될 것입니다.

- *이러한 분열을 경험한 적이 있습니까? 자신의 초점이 잘못 놓였음을 어떻게 깨닫게 되었나요?*

갖고 싶은 것이 너무 많아!

students

열왕기상 10장은 솔로몬의 위대한 지혜와 막대한 부를 보여 줍니다. 스바의 여왕이 솔로몬의 깊은 통찰력에 매혹되었던 일을 묘사하면서 솔로몬의 소유물 목록을 아주 상세히 보여 줍니다.

연 대 표

솔로몬의 우상 숭배
SOLOMON'S FALL INTO IDOLATRY
어리석은 결정이 결국 우상 숭배로 이어지다.

전도서에 담긴 인생의 의미
MEANING OF LIFE IN ECCLESIASTES
솔로몬이 인생의 목적과 의미를 사색하다.

욥의 고난
THE SUFFERING OF JOB
욥의 고난과 하나님의 자비.

시편의 경배
WORSHIP IN THE PSALMS
그리스도인의 삶에서 시편의 중요성 들여다보기.

엘리야와 바알 선지자들
ELIJAH AND THE PROPHETS OF BAAL
하나님이 자신만이 하나님임을 알게 하시다.

엘리야의 박해
ELIJAH'S PERSECUTION
엘리야가 박해 가운데 도망치다.

솔로몬의 이야기가 여기서 끝났더라면, 우리는 그를 이스라엘에서 가장 위대한 왕으로 칭송했을 것입니다. 그뿐만 아니라 그들이 고대해 마지않았던 왕, 하나님이 약속하신 땅에서 대대로 영원히 다스릴 이가 바로(마침내!) 그가 아닐까 생각했을 것입니다. 그러나 불행히도 이 이야기는 솔로몬이 죄의 길로 나아가고 결국 몰락하는 것으로 이어집니다.

1솔로몬 왕이 바로의 딸 외에 이방의 많은 여인을 사랑하였으니 곧 모압과 암몬과 에돔과
시돈과 헷 여인이라 2여호와께서 일찍이 이 여러 백성에 대하여 이스라엘 자손에게 말씀
하시기를 너희는 그들과 서로 통혼하지 말며 그들도 너희와 서로 통혼하게 하지 말라 그들
이 반드시 너희의 마음을 돌려 그들의 신들을 따르게 하리라 하셨으나 솔로몬이 그들을
사랑하였더라 3왕은 후궁이 칠백 명이요 첩이 삼백 명이라 그의 여인들이 왕의 마음을 돌
아서게 하였더라 4솔로몬의 나이가 많을 때에 그의 여인들이 그의 마음을 돌려 다른 신들
을 따르게 하였으므로 왕의 마음이 그의 아버지 다윗의 마음과 같지 아니하여 그의 하나
님 여호와 앞에 온전하지 못하였으니 5이는 시돈 사람의 여신 아스다롯을 따르고 암몬 사
람의 가증한 밀곰을 따름이라 6솔로몬이 여호와의 눈앞에서 악을 행하여 그의 아버지 다
윗이 여호와를 온전히 따름같이 따르지 아니하고 7모압의 가증한 그모스를 위하여 예루
살렘 앞 산에 산당을 지었고 또 암몬 자손의 가증한 몰록을 위하여 그와 같이 하였으며
8그가 또 그의 이방 여인들을 위하여 다 그와 같이 한지라 그들이 자기의 신들에게 분향하
며 제사하였더라(왕상 11:1~8).

성경 가운데 우상 숭배를 가장 잘 보여 주는 장면 중 하나를 여기서 볼 수 있습니다. 우상 숭배와 어리석음은 밀접한 관련이 있습니다. 지혜가 주님을 최우선으로 경외하는 것이라면, 어리석음은 주님보다 다른 무엇을 우선하는 것입니다. 어리석은 선택에는 늘 우상 숭배가 수반되기 마련입니다.

솔로몬의 경우, 하나님께 대한 반역이 드러난 것은 없습니다. 하나님을 외면한 적도 없습니다. 다만, 주님 곁에 다른 신을 더했을 뿐입니다. 주님을 완전히 무시하지는 않았지만, 부분적으로 숭배했습니다. 야훼를 다른 신들과 나란히 섬기기로 한 것입니다.

솔로몬의 죄는 주님의 명령을 저버리기로 결정했을 때 시작되었습니다. 하나님은 이스라엘을 약속의 땅으로 인도하시기 전에 왕이 해서는 안 될 일

에 관해 특별 명령을 내려 주신 바 있습니다. 왕은 자신을 위해 금이나 말을 많이 모아서는 안 되며, 아내를 많이 두어서도 안 됩니다(신 17:14~20). 그렇게 하면, 미혹될 것입니다.

그런데 솔로몬의 삶에서 이것을 보게 됩니다. 그는 엄청난 부를 쌓았고, 말과 병거가 허다했으며, 그의 궁에는 그의 여인이 1,000명이나 되었습니다. 그 결과, 그는 미혹되고 말았습니다.

여호수아가 이스라엘에 양자택일을 요구했던 일을 기억합니까? "만일 여호와를 섬기는 것이 너희에게 좋지 않게 보이거든 너희 조상들이 강 저쪽에서 섬기던 신들이든지 또는 너희가 거주하는 땅에 있는 아모리 족속의 신들이든지 너희가 섬길 자를 오늘 택하라 오직 나와 내 집은 여호와를 섬기겠노라 하니"(수 24:15). 여호수아에게 그것은 양단간에 결정을 내려야 하는 문제였습니다. 하나님을 섬기거나 섬기지 않는 것입니다.

때로 당신의 관심은 하나님과 다른 사람 또는 당신의 소유물 사이에서 어떻게 나뉩니까?

그래서 얻은 것이 무엇이냐

우리의 선택은 우리가 알고 있는 것 이상으로 다른 사람에게 영향을 미칩니다. 우리가 어리석은 선택을 하면 필연적으로 주변에 문제가 생길 수밖에 없습니다. 솔로몬이 한 우상 숭배의 결과를 그의 아들이 거둬들였는데, 역사상 처음으로 분열된 왕국을 보는 것이었습니다. 이스라엘 온 백성도 같은 결과를 맞이했습니다.

9솔로몬이 마음을 돌려 이스라엘의 하나님 여호와를 떠나므로 여호와께서 그에게 진노하
시니라 여호와께서 일찍이 두 번이나 그에게 나타나시고 10이 일에 대하여 명령하사 다른
신을 따르지 말라 하셨으나 그가 여호와의 명령을 지키지 않았으므로 11여호와께서 솔로
몬에게 말씀하시되 네게 이러한 일이 있었고 또 네가 내 언약과 내가 네게 명령한 법도를
지키지 아니하였으니 내가 반드시 이 나라를 네게서 빼앗아 네 신하에게 주리라 12그러나

본문으로 더 깊이

다윗도 '이방' 여자들과 결혼했지만, 그들이 다윗과 이스라엘의 종교 생활을 바꿔 놓지는 않았습니다. 반면에 솔로몬의 아내들은 자기 민족 신의 열성 신도로 알려졌습니다. … 종교적인 타협이 솔로몬의 이방인 '아내들'에게는 의례적인 정치적 편법으로 여겨졌을 것입니다. 마치 오늘날 외국 대사관 내에서는 자국 법률과 관습대로 행할 수 있도록 치외 법권을 주는 것과도 같습니다. 하지만 문제는 이런 상식적인 원칙이 하나님을 믿는 신앙이나 하나님과 이스라엘의 언약에는 모순된다는 것이었습니다. '아스다롯'(아스타르테, 이쉬타르)과 '밀곰'(몰렉)은 각기 다른 나라에서 다양한 이름으로 숭배되던 국제적인 신이었습니다. 이와 달리 '그모스'는 '모압'의 민족 신으로 전쟁의 신이었을 것으로 짐작됩니다.

네 아버지 다윗을 위하여 네 세대에는 이 일을 행하지 아니하고 네 아들의 손에서 빼앗으
려니와 13오직 내가 이 나라를 다 빼앗지 아니하고 내 종 다윗과 내가 택한 예루살렘을 위하
여 한 지파를 네 아들에게 주리라 하셨더라(왕상 11:9~13).

students

하나님의 말씀은 솔로몬에게 분명 큰 충격을 주었을 것입니다. 솔로몬 자신이 고통당할 뿐만 아니라(왕상 11:14~40) 그의 아들의 손에서 왕국을 빼앗아 찢겠다고 하셨기 때문입니다. 그의 우상 숭배 때문에 이스라엘은 수년 뒤에 바벨론의 포로가 되는 나락에 빠지게 될 것입니다. 우상 숭배로 나아가는 어리석음은 이와 같은 일들을 가져옵니다. 자기 자신만 피해 보면 될 것 같지만, 필연적으로 주변 사람에게 상처를 줄 수밖에 없습니다.

C. S. 루이스는 *The Voyage of the Dawn Treader*(나니아 연대기: 새벽 출정호의 항해) 끝부분에서 왕권의 본성에 관해 설명합니다. 캐스피언 왕이 자기 배를 포기하고 왕관도 버린 채 모험을 찾아 세상 끝으로 항해하겠다고 선언하자, 생쥐 리피칩은 그를 말리며 이렇게 말합니다. “당신은 나니아의 왕이에요. 돌아가지 않으면 모든 신하, 특히 트럼킨의 신뢰를 저버리는 것이 되어요. 평민이나 된 듯이 모험을 즐겨서는 안 된다고요. 그래도 폐하가 사리 분별을 못하시겠다면, 제정신을 차리실 때까지 무장 해제시키고 묶어 두라고 배에 탄 모든 사람에게 명령할 것입니다. 내 명령에 따르는 것이 진정한 충성이 될 것입니다.”[1] 루이스가 이 대사를 쓸 때 솔로몬을 염두에 둔 것은 아닌지 궁금해집니다.

안타깝게도 솔로몬에게는 정신을 차리도록 도와줄 사람이 없었습니다. 사실, 그는 일반인이 되어 살기로 선택했습니다. 현실은, 우리가 일반인들이 아니라는 것입니다. 주님과의 동행은 분명 개인적인 것이지만, 혼자만의 것은 아

알짬 교리 **99**

죄 - 이기심

우리는 하나님께 순종하는 것보다 이기적인 태도와 마음가짐으로 행동하는 것이 더 큰 행복을 가져다주리라 여기고 죄를 짓습니다. 죄는 자신을 향해 ‘안쪽으로 굽는’ 성향으로 나타나므로 사랑의 반대입니다. 사랑은 다른 사람을 더 낫게 여기는 생각에서 자기보다 남을 우선하는 것으로 나타납니다(빌 2:3). 죄는 이기적으로 개인의 만족과 행복을 추구하는 반면, 사랑은 하나님 안에서 다른 사람을 행복하게 하려는 소망으로 그들의 기쁨을 위해 일합니다.

1. C. S. Lewis, *The Voyage of the Dawn Treader* (New York: Harper Collins, 1953), 261.

닙니다. 우리는 사적인 결정을 내릴 수는 있지만, 우리의 결정은 공개적인 결과를 낳습니다.

그리스도와의 연결

students

우리는 솔로몬의 생애에서 낙담할 이유와 용기를 얻을 이유를 모두 보게 됩니다. 솔로몬이 하나님에 대한 헌신을 저버리고 왕의 자리에서 탈선하는 것을 보고 낙담하고, 이야기가 거기서 끝나지 않는다는 것에서 용기를 얻습니다. 솔로몬은 우리의 진정한 왕이 아닙니다. 솔로몬을 한 번 힐끗 보고 나서 진정한 왕에게로 시선을 돌리면 됩니다.

솔로몬으로는 충분하지 않습니다. 그보다 더 위대한 왕이 필요합니다. 우리가 찾던 인물이 신약성경에 있습니다. 예수님이 솔로몬보다 자신이 더 위대하다고 전하는 누가복음 11장 31절을 살펴보십시오.

> 심판 때에 남방 여왕이 일어나 이 세대 사람을 정죄하리니 이는 그가 솔로몬의 지혜로운 말을 들으려고 땅 끝에서 왔음이거니와 솔로몬보다 더 큰 이가 여기 있으며(눅 11:31).

students

솔로몬은 자신의 지혜와 부와 권세로 세상을 깜짝 놀라게 했지만, 결국 실패했습니다. 지상의 왕이나 통치자나 권세자는 언제나 우리를 실망시킬 것입니다. 그러므로 그들에게 소망을 두어서는 안 됩니다. 우리는 예수 그리스도를 바라봐야 합니다. 어제나 오늘이나 영원토록 동일하신 분이기 때문입니다(히 13:8). 그분은 절대로 우리를 떠나거나 버리지 않으실 것입니다. 그분의 사랑은 변하지 않습니다. 그분의 은혜는 무궁합니다. 그분의 자비는 날마다 새롭습니다.

이 과에서 성경의 가장 위대한 영웅조차 지혜가 아닌 어리석음을 선택할 수 있다는 것을 배웠습니다. 그들의 실패를 보면서 우리 왕이신 예수님께 더욱 희망을 품게 됩니다. 우리는 솔로몬과 같은 사람들에게서 많은 것을 배웁니다. 하지만 솔로몬이 우리에게 준 현명한 잠언과 명언을 능가하는 교훈을 예수님에게서 얻습니다. 우리에게는 우리가 생각하는 것보다 예수님이 더 필요합니다.

YOUR STORY

5~10분

하나님이 들려주시는 이야기는 오늘을 사는 나와 늘 연결되어 있습니다. 아래 질문에 답하면서 성경 이야기가 내 이야기와 어떻게 연결되는지 생각해 봅시다.

▶ **솔로몬은 너무 많은 소유물을 가지지 말라는 하나님의 명령을 무시했습니다. 이것은 우리에게 어떤 경고를 줍니까? 그리스도와의 동행을 방해하는 소유물에는 어떤 것들이 있습니까?**
이 질문에 대한 답은 다양할 수 있습니다.

▶ **솔로몬은 이방에서 온 수많은 아내와의 관계 때문에 하나님에 대한 애정에서 멀어졌습니다. 어떻게 하면 솔로몬과 비슷한 결과를 맞지 않을 수 있을까요?**
이 질문에 대한 답은 다양할 수 있습니다.

▶ **솔로몬의 어리석음은 자기 죄가 주변 사람에게 미칠 장기적인 영향을 보지 못했다는 데 있습니다. 왜 사람들은 죄가 주변 사람에게 끼칠 수 있는 부정적인 영향을 고려하지 못할까요?**
대부분 사람들은 개인의 죄를 사적인 일로 간주합니다. 그 결과가 자신에게만 한정된다고 보는 것입니다. 죄는 이기적인 본성을 가지고 있어서 주변 사람들을 무시하게 만듭니다. 죄에 빠져 있을 때는 그것이 가까운 사람들에게 어떤 영향을 줄지 전혀 신경을 안 쓴다는 점에서 그렇습니다.

▶ **이 과의 내용은 당신에게 어떤 도전을 줍니까?**
이 질문에 대한 답은 다양할 수 있습니다.

하나님의 이야기
하나님이 그분의 아들
예수 그리스도를 통해
우리를 구속해 주신 이야기

우리의 이야기
우리의 이야기가
하나님의 이야기와
만나는 곳

5~10분

YOUR MISSION

생 각

바울은 고린도전서 5장에서 온 교회가 자랑스러워하는 듯 보이는 부도덕한 사건에 관해 언급했습니다. "너희가 자랑하는 것이 옳지 아니하도다 적은 누룩이 온 덩어리에 퍼지는 것을 알지 못하느냐 너희는 누룩 없는 자인데 새 덩어리가 되기 위하여 묵은 누룩을 내버리라"(고전 5:6~7). 한 사람의 죄가 교회 전체에 스며들었다는 것입니다. 우리도 마찬가지입니다. 어리석은 선택을 한다면, 주변 사람에게 악영향을 미치게 될 것입니다.

- **다른 사람이 현명하게 선택한 덕분에 좋은 영향을 받은 적이 있습니까?**
  이 질문에 관한 대답은 다양할 것입니다.
- **다른 사람이 어리석게 선택한 탓에 부정적인 영향을 받은 적이 있습니까?**
  이 질문에 관한 대답은 다양할 것입니다.

마 음

우리는 마음의 우상에서 비롯된 파괴적인 영향을 거듭해서 봤습니다. 우상 숭배는 마음의 보좌를 차지하고 앉아서 하나님 백성의 마음에 분열을 일으킵니다. 다른 사람이나 경험이나 갈망이 우리 관심과 생각과 애정을 차지한다면, 하나님은 우리 삶의 중심에서 서서히 밀려나게 됩니다. 시편 기자는 이런 기도를 드렸습니다. "일심으로 주의 이름을 경외하게 하소서"(시 86:11). 그는 하나님을 일심으로 사랑하지 않으면, 주님을 합당하게 경배하거나 경외할 수 없음을 알았던 것입니다.

- **'두 마음'을 가지고 있다는 징후는 무엇입니까?**
  하나님보다 하나님의 선물을 소중히 여기기, 하나님과의 관계보다 다른 이들을 앞세우기 등을 예로 들 수 있습니다.
- **하나님께 헌신하려는 마음을 자꾸만 분열시키는 것은 무엇입니까?**
  이 질문에 관한 대답은 다양할 것입니다.

행 동

우리는 솔로몬에게서 물질적인 소유와 건강하지 않은 관계의 함정에 관해 교훈을 얻고, 또 이들이 어떻게 우리 마음을 미혹하는지 배울 수 있습니다. 이를 통해 우리 마음을 어떻게 지켜 내야 할지 더욱 주의할 수 있습니다. 그리스도인으로서 우리는 이 이야기를 듣는 것에 그치지 말고, 세상과 구별되어 살아가며 그분을 전해야 합니다.

- **세상의 지혜가 믿지 않는 자를 낙담시킬 때, 어떻게 그들을 도울 수 있을까요?**
  이 질문에 관한 대답은 다양할 것입니다.
- **한 주간 변화된 삶을 살도록 어떤 도전을 받았습니까?**
  이 질문에 관한 대답은 다양할 것입니다.

다음 모임까지
시편 81편; 88편; 92편; 93편; 역대상 7~9장을 읽어 보세요.

11

헛되고, 충만하도다

요 약

이 과에서 우리는 자신을 솔로몬에 견주어 보고 그가 질문했던 것과 같은 질문을 할 것입니다. 우리는 그 질문의 답을 예수 그리스도의 인격과 사역에서 찾아야 합니다. 하나님이 계심을 알기에 삶의 의미와 정의와 목적을 경험할 수 있습니다. 또한 다른 사람들에게 그리스도를 바라봄으로써 그들 질문에 관한 답을 찾으라고 말할 수 있습니다.

성 경

전도서 1장 1~11절; 3장 16절~4장 3절; 12장 9~14절

HIS STORY

20~30분

포 인 트

하나님이 계시기에 인생에 의미와 목적이 있다.

등 장 인 물

삼위일체 하나님(성부, 성자, 성령)

솔로몬(다윗의 아들로서 그의 뒤를 이어 이스라엘을 다스림. 하나님이 주신 지혜로 구약의 많은 지혜 문학을 쓰고 성전을 건축함)

메시지 좌표

이 과에서는 노년의 솔로몬이 제시하는 두 가지 삶의 모습, 즉 의미 있는 삶과 의미 없는 삶을 볼 것입니다. 솔로몬의 글에 드러나는 일반적인 어조는 냉소적이지만, 그는 하나님으로 가득 찬 삶이야말로 의미 있는 삶이라는 것을 보여 줍니다.

도 입

5~10분

'헛되다'라는 말을 들으면 어떤 생각이 듭니까? 원어의 경우 '호흡', '비움', '일시적이거나 무의미한 것'을 의미합니다. 솔로몬은 전도서 전체에서 적어도 24번 이상 이 단어를 사용했습니다. 이 단어로 그는 하나님과 분리된 삶이 얼마나 의미 없는지를 보여 주고자 한 것입니다. '헛되고 헛되다'라는 것은 하나님 없는 삶의 공허함을 강조하는 최상급 표현입니다. 하나님이 없으면 삶은 비어 있고, 진정한 의미를 담고 있지 않고, 지속적인 존엄을 제공하지도 않습니다. 솔로몬은 오직 하나님만이 삶에 진정한 의미를 부여하실 수 있음을 보여 주었습니다.

▶ 인생이 무의미해 보입니까? 그렇거나 그렇지 않은 이유는 무엇입니까?

믿는 자는 목적이나 의미가 있기에 삶의 모호함을 헤쳐 나갈 필요가 없습니다. 하나님은 인생에 목적과 의미를 가져다주십니다. 때로는 절망감이 여전히 스며들 수도 있습니다. 그러나 주님과의 역동적인 관계는 사람들에게 삶을 보다 긍정적인 방식으로 바라볼 수 있게 합니다.

▶ 성경의 관점은 기쁨과 절망의 차이를 어떻게 보여 줍니까?

인생이 대체 뭐니?

students

전도서의 시작은 다음과 같은 질문을 던집니다. '삶은 의미가 있는가?' 솔로몬의 대답은 처음에는 아주 우울하고 슬퍼 보이지만, 사실은 독자에게 서로 다른 두 가지 그림을 제시하고 있다는 것을 깨달아야 합니다. 바로 '하나님이 없는 삶'과 '하나님과 함께하는 삶'입니다. 솔로몬은 하나님이 없는 삶을 상상한 다음, 이런 삶은 모두 무의미하고 쓸모없다는 결론에 이릅니다.

그의 말을 들어봅시다.

1다윗의 아들 예루살렘 왕 전도자의 말씀이라 2전도자가 이르되 헛되고 헛되며 헛되고 헛
되니 모든 것이 헛되도다 3해 아래에서 수고하는 모든 수고가 사람에게 무엇이 유익한가 4

도입 선택

학생들에게 종이를 나누어 주고 '악당'의 이름을 적게 합니다. 악당의 출처는 역사, 영화, 만화 등 어떤 매체든 상관없습니다.
종이를 거둔 후, 잘 섞어 조별로 학생 수만큼 나누어 주십시오. 그런 다음 악당의 수준을 '보통'에서 '최악'까지 차례대로 정렬하게 하십시오(참고로, '영웅'에 대해 같은 활동을 할 수 있습니다). 학생들에게 그렇게 정렬한 이유를 설명하게 합니다.
이번에는 그것들을 무신론적 관점으로 정렬하게 하십시오. 만약 순서가 바뀌었다면 그 이유를 설명하게 합니다.
이 활동을 통해 선과 악의 의미와 하나님과의 관계를 살펴볼 수 있습니다. 만약 배치 순서가 바뀐다면, 선과 악의 의미는 하나님과 별개일 수 없음을 보여 주는 것임을 강조하십시오. 반대로 배치 순서가 바뀌지 않는다면, 최선에서 최악까지의 기준이 하나님과 상관없이 유지되는 것임을 지적하십시오. 이것은 선악의 결정이 그저 개인의 선호 문제일 뿐이라는 의미입니다. 그러나 우리 모두는 이것이 사실이 아님을 알고 있습니다.

- ***선과 악이 존재하는 현실은 하나님의 존재를 어떻게 설명해 줍니까?***

연 대 표

전도서에 담긴 인생의 의미
MEANING OF LIFE IN ECCLESIASTES
솔로몬이 인생의 목적과 의미를 사색하다.

욥의 고난
THE SUFFERING OF JOB
욥의 고난과 하나님의 자비.

시편의 경배
WORSHIP IN THE PSALMS
그리스도인의 삶에서 시편의 중요성 들여다보기.

엘리야와 바알 선지자들
ELIJAH AND THE PROPHETS OF BAAL
하나님이 자신만이 하나님임을 알게 하시다.

엘리야의 박해
ELIJAH'S PERSECUTION
엘리야가 박해 가운데 도망치다.

나아만의 치유
THE HEALING OF NAAMAN
나아만이 나병에서 고침을 받다.

한 세대는 가고 한 세대는 오되 땅은 영원히 있도다 5해는 뜨고 해는 지되 그 떴던 곳으로
빨리 돌아가고 6바람은 남으로 불다가 북으로 돌아가며 이리 돌며 저리 돌아 바람은 그 불
던 곳으로 돌아가고 7모든 강물은 다 바다로 흐르되 바다를 채우지 못하며 강물은 어느 곳
으로 흐르든지 그리로 연하여 흐르느니라 8모든 만물이 피곤하다는 것을 사람이 말로 다
말할 수는 없나니 눈은 보아도 족함이 없고 귀는 들어도 가득 차지 아니하도다 9이미 있던
것이 후에 다시 있겠고 이미 한 일을 후에 다시 할지라 해 아래에는 새 것이 없나니 10무엇
을 가리켜 이르기를 보라 이것이 새 것이라 할 것이 있으랴 우리가 있기 오래 전 세대들에
도 이미 있었느니라 11이전 세대들이 기억됨이 없으니 장래 세대도 그 후 세대들과 함께 기
억됨이 없으리라(전 1:1~11).

솔로몬이 하나님 없는 삶에 대해 가장 먼저 언급한 것은 세상에 영원한 것은 없다는 것입니다. 지속되는 것은 아무것도 없습니다. 사람은 이삼십 년 동안 아침에 일어나서 일하러 가고, 그러다 죽습니다. 세대들이 있다가 사라지곤 하는데, 세상은 아무 관심도 없는 것 같습니다. 대부분 인간은 세상에 항구적인 영향을 미치지 못하는 듯 보입니다. 이제 인생이 무엇인지 조금 알 것 같다고 하자마자 늙어서 죽습니다.

인생은 한 세대가 다른 세대로 넘기기 전에 얼마간 돌리는 다람쥐 쳇바퀴와도 같습니다. 아이디어와 혁신이 일어났다가 사라질 뿐 계속되는 것은 없습니다. 성취와 발전이 일어나기도 하지만 세상이 정말 나아지고 있습니까? 솔로몬은 단호하게 '아니다'라고 말합니다!

이 모든 이유에서 솔로몬은 하나님과 동행하는 삶과는 별개로 해 아래에 새로운 것은 없다는 결론을 내립니다. 눈과 귀를 만족할 만한 것도 전혀 없어 보입니다. 새로운 발명품이나 장치가 나타나기도 하지만 그다지 만족스럽지 않습니다. 물론 잠시 동안 즐거움을 주기는 하는데, 앞에서 말한 것과 같은 단조로움과 비영속성을 바꾸지는 못합니다. 세대는 여전히 가고 옵니다. 해는 계속해서 뜨고 집니다. 사람들이 열광하는 최신 제품도 그것 자체로는 세계를 바꾸지 못합니다. 그러므로 솔로몬에 따르면, 전부 쓸데없는 일입니다.

이 세계관에서 보면, 하나님이 계시지 않는 한 솔로몬의 말이 맞다고 결론을 내려야만 합니다. 기억하십시오. 솔로몬은 하나님 없는 삶의 모습을 보여 주고 있는 것입니다. 하나님을 사랑하고, 하나님께 순종하고, 하나님을 귀히 여기라는 말은 여기에 언급되지 않습니다. 하나님이 삶의 중심이 아니라면, 모든 삶

이 헛되다고 결론 내려야 합니다. 하나님이 삶에서 가장 위대한 현실이 아니라면, 우리가 하는 모든 일과 모든 성취와 이생에서 얻은 모든 것이 아무것도 아닙니다.

삶에서 하나님을 밀어내면, 현실은 솔로몬이 묘사한 그대로 됩니다. 그러나 하나님을 왕이요 존귀한 분으로 삶의 중심에 모신다면, 모든 순간이 의미와 목적으로 가득하고 우리가 하는 모든 일이 중요해질 것입니다. 예수님이 구원자이며 진실로 죽은 자 가운데서 다시 살아나 만물을 다스리고 계시다면, 우리가 하는 모든 일이 중요해집니다. 바울은 이렇게 말했습니다. "그러므로 내 사랑하는 형제들아 견실하며 흔들리지 말고 항상 주의 일에 더욱 힘쓰는 자들이 되라 이는 너희 수고가 주 안에서 헛되지 않은 줄 앎이라"(고전 15:58). 그분 없이는 우리가 하는 모든 일이 헛됩니다. 그분과 함께해야 모든 일에 의미와 가치와 목적이 있습니다.

평소 '환경'이라는 렌즈를 통해 세상을 바라봅니까? 아니면 '그리스도의 소망'이라는 렌즈를 통해 세상을 바라봅니까?

세상이 왜 이래?

전도서를 읽어 내려가다 보면, 솔로몬이 씨름했던 두 번째 질문을 만나게 됩니다. 세상의 정의에 관한 문제입니다. 그가 바라본 세상에는 정의보다 불의가, 번영보다 고통이 더 많아 보였습니다.

16또 내가 해 아래에서 보건대 재판하는 곳 거기에도 악이 있고 정의를 행하는 곳 거기에도
악이 있도다 17내가 내 마음속으로 이르기를 의인과 악인을 하나님이 심판하시리니 이는
모든 소망하는 일과 모든 행사에 때가 있음이라 하였으며 18내가 내 마음속으로 이르기를
인생들의 일에 대하여 하나님이 그들을 시험하시리니 그들이 자기가 짐승과 다름이 없는
줄을 깨닫게 하려 하심이라 하였노라 19인생이 당하는 일을 짐승도 당하나니 그들이 당하
는 일이 일반이라 다 동일한 호흡이 있어서 짐승이 죽음같이 사람도 죽으니 사람이 짐승보
다 뛰어남이 없음은 모든 것이 헛됨이로다 20다 흙으로 말미암았으므로 다 흙으로 돌아가

나니 다 한 곳으로 가거니와 [21]인생들의 혼은 위로 올라가고 짐승의 혼은 아래 곧 땅으로 내
려가는 줄을 누가 알랴 [22]그러므로 나는 사람이 자기 일에 즐거워하는 것보다 더 나은 것이
없음을 보았나니 이는 그것이 그의 몫이기 때문이라 아, 그의 뒤에 일어날 일이 무엇인지를
보게 하려고 그를 도로 데리고 올 자가 누구이랴(전 3:16~22).
[1]내가 다시 해 아래에서 행하는 모든 학대를 살펴보았도다 보라 학대 받는 자들의 눈물이
로다 그들에게 위로자가 없도다 그들을 학대하는 자들의 손에는 권세가 있으나 그들에게
는 위로자가 없도다 [2]그러므로 나는 아직 살아 있는 산 자들보다 죽은 지 오랜 죽은 자들을
더 복되다 하였으며 [3]이 둘보다도 아직 출생하지 아니하여 해 아래에서 행하는 악한 일을
보지 못한 자가 더 복되다 하였노라(전 4:1~3).

이것은 우리 모두가 맞닥뜨리는 문제입니다. 신학자와 철학자는 이것을 악과 고통의 문제로 봅니다. 세상이 제 모습이 아니라는 사실을 인지해야 합니다. 죄의 저주는 하나님이 선하고 부드럽고 아름답게 만드신 것을 파괴해 왔습니다. 그 결과가 고통과 빈곤과 고난과 억압과 죽음입니다. 솔로몬은 이것을 보았고, 죽은 것이 낫고 그보다는 아예 존재하지 않는 것이 더 낫다는 결론에 이르렀습니다.

students

우리는 세상 모든 일이 바로잡혀서 제자리로 돌아가기를 소망합니다. 우리도 솔로몬처럼 의로움을 찾다가 사악함을 발견하고 애통해 합니다. 평화와 회복을 간절히 바라며, 하나님이 모든 것을 심판해 주시기를 바랍니다(전 3:17).

솔로몬은 하나님이 재판관이시라는 생각에 다소 위안을 얻었던 듯 보입니다. 그런데 우리는 그가 알지 못한 것을 알기에 더 큰 위안을 얻을 수 있습니다. 하나님이 죽은 자 가운데서 예수님을 일으키셨기에 우리 또한 일으키실 것을 알기 때문입니다. 우리뿐만 아니라 온 피조물이 새롭게 되고 구속될 것입니다. 그분은 모든 눈물을 닦아 내시고, 모든 것을 바로잡으시며, 모든 것을 새롭게 하실 것입니다. 새 하늘과 새 땅을 여실 것입니다. 죄와 사탄과 죽음을 끝장내실 것입니다.

'예수님'이라는 반전 카드

students

전도서를 읽으면서 묻지 않을 수 없는 많은 질문 가운데 이것이 가장 중요합니다. '도대체 우리는 무엇을 위해 살아가는가?' 솔로몬은 세상의 다른 어떤 것보다 하나님이 중요하다고 경고하면서 책을 마무리합니다.

> 9전도자는 지혜자이어서 여전히 백성에게 지식을 가르쳤고 또 깊이 생각하고 연구하여 잠
> 언을 많이 지었으며 10전도자는 힘써 아름다운 말들을 구하였나니 진리의 말씀들을 정직
> 하게 기록하였느니라 11지혜자들의 말씀들은 찌르는 채찍들 같고 회중의 스승들의 말씀들
> 은 잘 박힌 못 같으니 다 한 목자가 주신 바이니라 12내 아들아 또 이것들로부터 경계를 받
> 으라 많은 책들을 짓는 것은 끝이 없고 많이 공부하는 것은 몸을 피곤하게 하느니라 13일의
> 결국을 다 들었으니 하나님을 경외하고 그의 명령들을 지킬지어다 이것이 모든 사람의 본
> 분이니라 14하나님은 모든 행위와 모든 은밀한 일을 선악 간에 심판하시리라(전 12:9~14).

도대체 우리는 무엇을 위해 살아갈까요? 이 질문에 대답하려는 시도는 매번 있었습니다. 본문은 이 문제와 관련해 셀 수 없이 많은 의견이 제기되었음을 상기시킵니다(전 12:12). 삶과 존재의 이유에 관한 모든 다양한 철학과 관점을 생각해 보십시오. 토크 쇼, 잡지, 블로그, 웹사이트 등이 어떻게 살아야 하는지에 관한 조언과 충고를 퍼부어 댑니다. 하지만 인간이 하나님과 계명을 위해 지어졌다는 결론에 다다르지 않는 한 어떤 조언과 충고도 잘못된 것이니 마땅히 거부해야 합니다. 모든 인간은 자신이 하나님을 위해 지어졌음을 마음속 깊이 알고 있습니다.

students

그리스도인으로서 우리는 세상에 희망을 줄 엄청난 사실을 알고 있습니다. 우리는 우리가 왜 여기에 있는지 알고 있습니다. 왜 이 땅에서 살아가는지 알고 있습니다. 궁극적인 의미와 목적에 닿을 길을 알고 있습니다. 우리에게는 풍성한 생명과 넘치는 기쁨을 주러 오신 생명의 구세주가 계시기 때문입니다(요 10:10; 15:11).

우리의 사명은 세상에 단순히 아이디어나 정보나 철학을 제시하는 것이 아닙니다. 죽었다가 다시 살아나신 한 분을 소개하는 것입니다. '예수'라는 이름

의 다스리시는 분 안에 있는 살아 있는 소망과 생명수와 생명의 빵을 제공하는 것입니다.

그리스도와의 연결

students

바울은 골로새 교회에 보낸 편지에서 궁극적인 의미와 목적을 위해 그리스도 외에는 다른 어떤 것도 보지 말라고 경고했습니다. "누가 철학과 헛된 속임수로 너희를 사로잡을까 주의하라 이것은 사람의 전통과 세상의 초등 학문을 따름이요 그리스도를 따름이 아니니라 그 안에는 신성의 모든 충만이 육체로 거하시고 너희도 그 안에서 충만하여졌으니 그는 모든 통치자와 권세의 머리시라"(골 2:8~10). 오직 그리스도 안에 하나님이 충만히 거하십니다. 그리스도 안에서만 우상과 소위 신들이 권세와 매력을 잃습니다. 오직 그리스도 안에서만 우리는 자신이 왜 여기에 있는지 발견하게 됩니다. 쾌락과 인정과 권세와 위로에서 구하던 것이 실제로 그분 안에 있음을 알게 됩니다. 주님이 더 나으시니 주님으로 충분합니다.

정말로 예수님이 더 나으십니다. 더 나은 이야기를 들려주십니다. 우리가 왜 여기에 있는지에 관해 더 나은 답을 주십니다. 그러니 세상이 하나님을 알고 믿도록 삶을 드려야 합니다. 하나님은 자신을 위해 우리를 지으신 분이요, 우리가 왜 여기에 있는지 홀로 답을 주시는 분입니다.

알짬 교리 **99**

일반 계시

일반 계시는 자신의 창조를 통해(시 19편), 또한 사람의 양심을 통해(롬 2장) 스스로 드러내시는 하나님과 관련이 있습니다. 일반 계시를 통한 하나님에 관한 지식이 제한적인 이유는 오직 하나님과 그분의 성품에 관한 일반적인 지식만 전달해 주기 때문입니다. 우주의 광대함과 정교함을 바라봄으로써 하나님의 전지전능을 인식하거나, 선악을 분별하는 타고난 감각을 들여다봄으로써 우주에는 도덕법을 주시는 분이 계심을 알 수 있습니다. 일반 계시는 어떻게 하나님을 아는지 혹은 구원을 받을 수 있는지를 이해하는 데는 충분하지 않지만, 불의로 하나님의 진리를 억누른 것에는 책임이 뒤따른다는 정도의 지식은 얻을 수 있습니다.

5~10분

YOUR STORY

하나님이 들려주시는 이야기는 오늘을 사는 나와 늘 연결되어 있습니다. 아래 질문에 답하면서 성경 이야기가 내 이야기와 어떻게 연결되는지 생각해 봅시다.

- **세상을 비관적으로 본 적이 있거나 그렇게 살아가는 사람을 만나 본 적이 있습니까? 그런 상황에서 우리는 자신과 그런 사람을 도울 수 있을까요?**
  이 질문에 관한 대답은 다양할 것입니다.

- **세상의 어떤 불의나 고통에 가장 눈길이 갑니까? 어떤 불의나 고통에 무관심하게 됩니까?**
  이 질문에 관한 대답은 다양할 것입니다.

- **'우리는 왜 살아가는가'라는 질문에 세상은 어떤 답을 줍니까?**
  이 질문에 관한 대답은 다양할 것입니다.

- **인생에 관한 심오한 질문에 예수님은 어떤 독특한 방법으로 세상보다 나은 답을 주십니까?**
  이 질문에 관한 대답은 다양할 것입니다.

하나님의 이야기
하나님이 그분의 아들
예수 그리스도를 통해
우리를 구속해 주신 이야기

우리의 이야기
우리의 이야기가
하나님의 이야기와
만나는 곳

YOUR MISSION

5~10분

생 각

로마서 1장에 따르면, 모든 사람이 하나님에 관한 지식을 가지고 있음에도 진리를 은폐한다는 문제가 있습니다. "하나님을 알되 하나님을 영화롭게도 아니하며 … 썩어지지 아니하는 하나님의 영광을 썩어질 사람과 새와 짐승과 기어 다니는 동물 모양의 우상으로 바꾸었느니라"(롬 1:21~23). 하나님은 그분을 알게 하시고 그분의 방법대로 행하게 하셨지만, 우리는 주님을 피하고 자신의 길을 만들려고 애쓰며 진리대로 행하기를 거절합니다.

- **하나님의 진리를 알고 있으면서도 그것을 은폐하는 이유는 무엇일까요?**
  이 질문에 관한 대답은 다양할 것입니다.
- **나름의 즐거움과 의미를 만들어 내려고 사람들은 어떻게 애씁니까?**
  이 질문에 관한 대답은 다양할 것입니다.

마 음

고통과 해악 때문에 절망할 필요가 없습니다. 하나님이 우리를 위해 행하시며 의와 영광을 가져오실 것입니다. "그리스도 안에서 너희를 부르사 자기의 영원한 영광에 들어가게 하신 이가 잠깐 고난을 당한 너희를 친히 온전하게 하시며 굳건하게 하시며 강하게 하시며 터를 견고하게 하시리라"(벧전 5:10). 모든 권세는 궁극적으로 그분의 것이며, 그분은 자기 때에 우리가 고대해 온 완전함과 평화를 주실 것입니다. 우리는 인내하며 기다려야 합니다.

- **고난의 시기에 하나님의 주권적인 진리는 우리를 어떻게 격려합니까?**
  이 질문에 관한 대답은 다양할 것입니다.
- **하나님이 우리를 위해 행하시리라는 사실에서 얻을 수 있는 것은 무엇인가요?**
  이 질문에 관한 대답은 다양할 것입니다.

행 동

성경은 어려운 질문을 피하지 않습니다. 하나님은 우리가 세상에서 의미, 목적, 정의 문제로 씨름하기를 원하십니다. 이것이 기독교의 유일성과 구세주 예수 그리스도의 영광을 보도록 도울 것이기 때문입니다. 사람들이 묻는 가장 깊은 질문에 답하고자 하는 것은 결국 우리 주변 문화에 관해서도 더욱 많은 지식을 갖게 합니다. 세상 사람들이 절실히 필요로 하는 희망을, 그들에게 담대하면서도 친절하게 전해 주십시오.

다음 모임까지
사무엘상 17~20장; 21~24장; 시편 59편을 읽어 보세요.

- **삶의 의미, 목적, 정의에 관해 질문하며 하나님과 더 가까워진 적이 있습니까?**
  이 질문에 관한 대답은 다양할 것입니다.
- **하나님을 믿고자 삶의 의미와 목적에 관해 묻는 사람에게 어떻게 답하겠습니까?**
  이 질문에 관한 대답은 다양할 것입니다.

THE GOSPEL PROJECT

12

어쩌다 고생!

요 약

이 과에서는 욥의 삶에 나타난 고난을 살펴볼 것입니다. 욥의 이야기는 '선한 사람이 왜 고난을 당하는가'라는 질문을 던집니다. 그리고 그 답을 찾을 방법을 분별할 수 있는 통찰력을 제공합니다. 욥의 고난은 악의 문제에 대한 궁극적인 해답이 예수 그리스도의 구속적 고난과 새롭게 될 세상에 있음을 지적해 줍니다. 예수님을 따르는 사람이라면 다른 사람과 나란히 걸으며 그들의 고통을 덜어 주기 위해 노력해야 합니다.

성 경

욥기 1장 6~12, 20~22절; 16장 1~5, 18~22절; 40장 1~5절; 42장 7~9절

HIS STORY

20~30분

포 인 트

하나님은 고난의 이유를 항상 설명해 주시지는 않을 것이지만, 우리가 고난을 겪을 때 언제나 우리를 위로하기 위해 가까이 나아오신다.

등 장 인 물

삼위일체 하나님(성부, 성자, 성령)

욥(욥기의 주인공. 자신과 가족의 고난을 통해 하나님의 자비와 선을 한층 더 깊이 알게 됨)

메시지 좌표

이 과에서는 욥과 그의 고난을 살펴볼 것입니다. 다른 지혜 문학과 마찬가지로 욥기는 한 사람과 그의 가족이 겪은 고투와, 하나님을 믿는 신앙 가운데서의 고난에 대한 반응을 보여 줍니다. 이것은 연민과 확신을 동시에 불러옵니다. 그러나 무엇보다도, 이 진실한 이야기는 고난받는 자 모두에게 궁극적으로 필요한 분이 하나님이심을 볼 수 있게 합니다.

도 입

5~10분

산다는 것은 시달리는 것입니다. 우리 모두는 건강이나 능력이나 경제적 상태에 상관없이 고난을 당합니다. 세계관, 즉 하나님에 대한 믿음이나 선과 악에 관한 입장에 관계없이 우리는 모두 삶에서 여러 가지 형태의 고난과 시련에 직면하게 됩니다.

문제는 고난을 당하는 것이 아니라, 그때 어떻게 반응하느냐입니다. 고난 덕분에 하나님께 나아가야 할까요(고난이 우리를 주님께로 인도하도록 허락하면서)? 아니면 고난 때문에 하나님으로부터 멀어져야 할까요(고난이 하나님과의 관계를 방해하도록 놔두면서)?

구약성경의 지혜 문학에서 고통과 고난의 전형인 욥의 이야기를 볼 수 있습니다. 성경에 익숙하지 않은 사람조차 이 이야기의 기본적인 내용은 알고 있습니다. 욥은 모든 것을 빼앗기고도 하나님을 향한 믿음을 저버리지 않았습니다. 신약성경은 인내와 오래 참음의 모범으로 욥을 꼽습니다(약 5:10~11). 욥은 고난으로 하나님께 나아갔고, 고난을 통해 하나님과 그분이 쓰시는 방법에 대해 더 깊이 이해할 수 있었습니다.

삶이 편안할 때, 우리는 하나님에 관해 깊이 생각하지 않는 경향이 있습니다. 하지만 고난이 다가오면 하나님을 '확대'(zoom in)합니다. 우리가 발견하는 것은 하나님이 고난을 선으로 바꾸기 위해 일하시며, 가장 깊은 고난에서조차 절묘한 아름다움과 영광을 끌어내신다는 것입니다(롬 8:18, 28). 우리는 욥처럼 하나님이 우리가 생각하는 것보다 훨씬 크시고, 그분의 선하심은 우리가 감히 꿈꾸는 것보다 훨씬 더 깊다는 것을 발견하게 됩니다.

▶ 삶의 시련에 관해 질문해 본 적이 있습니까? 그리스도인이 이런 종류의 질문을 하는 것이 잘못되었다고 생각합니까? 그렇거나 그렇지 않은 이유는 무엇입니까?

도입 선택

학생들에게 종이를 나누어 주고, 자기 삶에 있었던 고난의 순간을 적게 하십시오. 당시 하나님에 관해 가졌던 질문과 경험도 쓰게 합니다. 그런 다음 그 상황이 장기적으로 어떤 영향을 미쳤는지에 대해 생각할 시간을 주십시오. 그리고 당시에는 볼 수 없었지만 지금은 볼 수 있는 것이 있는지 질문합니다. 욥은 시련의 끝에 이르렀을 때, 하나님의 계획과 목적이 그의 삶의 상황과 상관없이 승리하리라는 것을 알 수 있었습니다. 하지만 그는 하나님께 난감한 질문을 던졌습니다. 어려운 상황에서 우리도 물을 수 있는 질문입니다. 우리는 큰 그림을 볼 수 없지만, 하나님은 보실 수 있습니다. 우리는 그분이 우리의 생각보다 더 위대하시고, 그분의 선하심이 우리의 상상보다 더 깊으심을 믿어야 합니다.

- *고난과 관련해서 '큰 그림'을 본다는 것은 무슨 의미입니까?*
- *뒤로 한발 물러나서 하나님의 관점에서 고난을 보는 것이 가능합니까? 그렇거나 그렇지 않은 이유는 무엇입니까?*

욥은 나를 실망시키지 않을 거야

욥기는 기묘한 장면으로 시작됩니다. 주님이 사탄과 대화를 나누시는데, 정직과 성실의 본보기로 욥을 꼽으십니다. 이야기가 어떻게 시작되는지 살펴봅시다.

6하루는 하나님의 아들들이 와서 여호와 앞에 섰고 사탄도 그들 가운데에 온지라 7여호와
께서 사탄에게 이르시되 네가 어디서 왔느냐 사탄이 여호와께 대답하여 이르되 땅을 두루

연 대 표

욥의 고난
THE SUFFERING OF JOB
욥의 고난과 하나님의 자비.

시편의 경배
WORSHIP IN THE PSALMS
그리스도인의 삶에서 시편의 중요성 들여다보기.

엘리야와 바알 선지자들
ELIJAH AND THE PROPHETS OF BAAL
하나님이 자신만이 하나님임을 알게 하시다.

엘리야의 박해
ELIJAH'S PERSECUTION
엘리야가 박해 가운데 도망치다.

나아만의 치유
THE HEALING OF NAAMAN
나아만이 나병에서 고침을 받다.

이사야의 예언
ISAIAH'S ENCOUNTER WITH GOD
이사야가 하나님을 만나 영원히 변화되다.

> 돌아 여기저기 다녀왔나이다 8여호와께서 사탄에게 이르시되 네가 내 종 욥을 주의하여 보
> 았느냐 그와 같이 온전하고 정직하여 하나님을 경외하며 악에서 떠난 자는 세상에 없느니
> 라 9사탄이 여호와께 대답하여 이르되 욥이 어찌 까닭 없이 하나님을 경외하리이까 10주께
> 서 그와 그의 집과 그의 모든 소유물을 울타리로 두르심 때문이 아니니이까 주께서 그의 손
> 으로 하는 바를 복되게 하사 그의 소유물이 땅에 넘치게 하셨음이니이다 11이제 주의 손을
> 펴서 그의 모든 소유물을 치소서 그리하시면 틀림없이 주를 향하여 욕하지 않겠나이까 12
> 여호와께서 사탄에게 이르시되 내가 그의 소유물을 다 네 손에 맡기노라 다만 그의 몸에는
> 네 손을 대지 말지니라 사탄이 곧 여호와 앞에서 물러가니라(욥 1:6~12).

이 일이 있고 난 후 욥은 모든 것을 잃게 됩니다. 스바 사람들이 욥의 소와 나귀를 빼앗고 종을 죽였으며(욥 1:13~15), 번개가 떨어져서 욥의 양과 종을 불살랐고(욥 1:16), 갈대아 사람이 욥의 낙타와 그 옆에 있던 종을 빼앗고 죽였습니다(욥 1:17). 가장 최악은 큰 바람이 불어와서 욥의 아들딸 위로 집이 무너진 일이었습니다(욥 1:18~19). 이때 욥은 어떻게 반응했을까요?

> 20욥이 일어나 겉옷을 찢고 머리털을 밀고 땅에 엎드려 예배하며 21이르되 내가 모태에서
> 알몸으로 나왔사온즉 또한 알몸이 그리로 돌아가올지라 주신 이도 여호와시요 거두신 이
> 도 여호와시오니 여호와의 이름이 찬송을 받으실지니이다 하고 22이 모든 일에 욥이 범죄
> 하지 아니하고 하나님을 향하여 원망하지 아니하니라(욥 1:20~22).

students

욥의 이야기는 '선한 사람이 왜 고난을 당하는가'라는 질문에 답을 주지는 않지만 방향을 제시합니다. 욥이 고난당한 것은 하나님이 그에게 화가 나셨기 때문이 아닙니다. 많은 그리스도인이 고난을 하나님의 진노로 보도록 유혹받지만, 욥의 이야기는 고난당하는 이유가 하나님의 진노 때문이 아님을 일깨워 줍니다. 하나님과 사탄의 대화에서 흥미로운 사실은, 욥을 대화로 끌어오신 분이 바로 하나님이라는 점입니다(욥 1:8). 주님은 사탄에게 욥을 신실과 진실의 대명사로 제시하셨습니다. 하나님은 화가 나서가 아니라 그를 기뻐하셨기 때문에 말씀하신 것입니다! 양 떼나 소 떼보다 훨씬 깊은 이유로 욥이 하나님을 신뢰하고 있음을 아셨기 때문입니다. 욥이 하나님을 신뢰한 것은 그분이 하나님이시기 때문이었습니다.

고난의 이유를 알면 그것을 이겨 내는 데 도움이 될까요?

또한 욥이 고난을 당한 것은 그가 죄를 지었기 때문이 아닙니다. 욥기는 이렇게 시작합니다. "우스 땅에 욥이라 불리는 사람이 있었는데 그 사람은 온전하고 정직하여 하나님을 경외하며 악에서 떠난 자더라"(욥 1:1). 그 후 욥은 가족과 가축을 잃게 되는데, 성경 저자는 이렇게 기록합니다. "이 모든 일에 욥이 범죄하지 아니하고 하나님을 향하여 원망하지 아니하니라"(22절). 성경 저자는 욥이 죄 때문에 고통당한 것이 아니라는 점을 분명히 밝힙니다.

우리는 고난을 당하면, 그동안 자신이 저질렀던 특정한 죄나 불순종했던 일들을 떠올립니다. 그리고 벌을 받아 마땅하다고 생각합니다. 도저히 극복할 수 없을 것 같아 보이는 죄 하나를 떠올리고, 그것을 고난을 당하는 이유로 받아들입니다. 신학은 너무나 자주 이렇게 말합니다. '선한 일을 하면 축복을 받고, 악한 일을 하면 저주를 받는다.'

그러나 욥의 이야기는 전혀 다른 면을 보여 줍니다(참조, 욥 1:1, 22). 의인도 고난을 당합니다. 사도 바울은 사역 중에 심한 괴로움을 겪었지만 그것이 그에게 깊은 기쁨의 근원이 되었다고 고백했습니다(골 1:24~25). 예수님의 생애를 들여다봐도 고난과 죄가 언제나 관련된 것은 아님을 알 수 있습니다. 예수님은 죄가 없는 분이었지만, 전 생애에 걸쳐 조롱과 우롱과 거절을 당하셨습니다.

야고보는 이렇게 말합니다. "내 형제들아 너희가 여러 가지 시험을 당하거든 온전히 기쁘게 여기라 이는 너희 믿음의 시련이 인내를 만들어 내는 줄 너희가 앎이라 인내를 온전히 이루라 이는 너희로 온전하고 구비하여 조금도 부족함이 없게 하려 함이라"(약 1:2~4). 이것이 고통 중에 있는 우리를 향한 하나님의 큰 목적 중 하나입니다. 하나님이 그분을 더욱 사랑하고 신뢰할 수 있도록

알짬 교리 **99**

악의 문제

많은 무신론자가 하나님이 전능하고 사랑이 충만하며 전지하시다면, 오늘날 인간이 알고 있는 것과 같은 악은 세상에 존재할 수 없었을 것이라고 주장합니다. 그들은 세상에 악이 존재하므로 하나님도 존재할 수 없다고 말합니다(혹은 하나님이 존재한다고 해도 선하지도, 전능하지도 않을 것이라고 말합니다). 그러나 하나님의 존재를 부인하는 논쟁으로 악에 호소하는 것은 잘못입니다.

고난의 시기를 지나게 하신다는 것을 믿는다면, 고난은 언제나 가치 있을 것입니다.

욥의 친구들은 입 다물어라

욥의 일이 알려지니 그의 친구들이 와서 권고와 위로를 했는데, 불행하게도, 하나님에게는 분노를 일으키고 욥에게는 도움이 되지 않는 말일 뿐이었습니다.

1욥이 대답하여 이르되 2이런 말은 내가 많이 들었나니 너희는 다 재난을 주는 위로자들이
로구나 3헛된 말이 어찌 끝이 있으랴 네가 무엇에 자극을 받아 이같이 대답하는가 4나도 너
희처럼 말할 수 있나니 가령 너희 마음이 내 마음 자리에 있다 하자 나도 그럴 듯한 말로 너
희를 치며 너희를 향하여 머리를 흔들 수 있느니라 5그래도 입으로 너희를 강하게 하며 입
술의 위로로 너희의 근심을 풀었으리라 … 18땅아 내 피를 가리지 말라 나의 부르짖음이 쉴
자리를 잡지 못하게 하라 19지금 나의 증인이 하늘에 계시고 나의 중보자가 높은 데 계시니
라 20나의 친구는 나를 조롱하고 내 눈은 하나님을 향하여 눈물을 흘리니 21사람과 하나님
사이에와 인자와 그 이웃 사이에 중재하시기를 원하노니 22수년이 지나면 나는 돌아오지
못할 길로 갈 것임이니라(욥 16:1~5, 18~22).

◆ students

고난당할 때 많은 질문을 던지게 됩니다. '왜 하필 나야?' '지금 하나님은 무엇을 하고 계시지?' '내 어떤 잘못 때문에 이런 일이 일어났나?' '사랑의 하나님이라더니, 어떻게 이런 일을 허락하실 수 있지?' 선하고 사려 깊은 대답이 필요한 질문들입니다.

질문에 휩싸인 욥에게서 우리는 고난당하는 사람은 '하나님'이, 그분의 임재, 음성, 친밀함이 가장 필요하다는 것을 배우게 됩니다. 하나님이 주실 수 있는 가장 큰 선물은 바로 그분 자신입니다.

주님이 욥에게 어떻게 말씀하시는지 들어봅시다.

1여호와께서 또 욥에게 일러 말씀하시되 2트집 잡는 자가 전능자와 다투겠느냐 하나님을
탓하는 자는 대답할지니라 3욥이 여호와께 대답하여 이르되 4보소서 나는 비천하오니 무

> 엇이라 주께 대답하리이까 손으로 내 입을 가릴 뿐이로소이다 5내가 한 번 말하였사온즉 다시는 더 대답하지 아니하겠나이다 … 7여호와께서 욥에게 이 말씀을 하신 후에 여호와께서 데만 사람 엘리바스에게 이르시되 내가 너와 네 두 친구에게 노하나니 이는 너희가 나를 가리켜 말한 것이 내 종 욥의 말같이 옳지 못함이니라 8그런즉 너희는 수소 일곱과 숫양 일곱을 가지고 내 종 욥에게 가서 너희를 위하여 번제를 드리라 내 종 욥이 너희를 위하여 기도할 것인즉 내가 그를 기쁘게 받으리니 너희가 우매한 만큼 너희에게 갚지 아니하리라 이는 너희가 나를 가리켜 말한 것이 내 종 욥의 말같이 옳지 못함이라 9이에 데만 사람 엘리바스와 수아 사람 빌닷과 나아마 사람 소발이 가서 여호와께서 자기들에게 명령하신 대로 행하니라 여호와께서 욥을 기쁘게 받으셨더라(욥 40:1~5; 42:7~9).

욥의 이야기에는 놀라운 결말이 있습니다! 그는 고난을 통해 하나님의 능력과 선하심에 대해 더 큰 비전을 받았습니다. 욥은 어느 누구도 그분을 비난할 수 없음을 깨달았습니다. 그는 하나님 영광의 광대하심에 비해 자신이 얼마나 작은지 알게 되었습니다. 게다가 욥은 더욱 깊은 단계의 하나님의 선하심을 보았습니다. 주님은 친구들을 위한 욥의 기도를 들어주시고 그들에 대한 분노를 거두셨습니다.

students

또한 고난은 우리가 하나님이 아님을 알게 해 줍니다. 삶이 사람의 통제 아래 있지 않음을 깨닫게 해 줍니다. 때로는 고난이 너무 엄청나지만, 욥은 그때에도 하나님이 다가오심을 배웠습니다.

욥의 여정은 어렵고도 아름답습니다. 그는 고통당하고 그것을 견디며 어려운 시기를 보냈는데, 우리는 시련당할 때 고통과 충격을 축소하지 말아야 합니다. 한편 하나님이 그분을 계시하고 회복하시며 돕는 아름다운 과정은 우리에게 희망과 용기를 줍니다. 우리를 떠나지도, 버리지도 않으실 하나님은 자기 아들을 우리에게 내어 주시며 우리에게 최선을 바라신다는 것을 일깨우셨습니다.

우리의 견해는 하나님의 견해와 어떻게 다릅니까?

그리스도와의 연결

students

욥은 고난 가운데서 하나님과 자신 사이에 서 줄 누군가를, 즉 중재자를 갈망했습니다. 우리가 알고 있는 것을 욥도 알았더라면 얼마나 좋았을까요? 우리는 하나님과 사람 사이에 서서 우리를 위해 간청하는 분이 계심을 압니다. '예수 그리스도'가 바로 그분입니다. 우리를 친구 삼아 주신 분이 바로 그분입니다. "사람이 친구를 위하여 자기 목숨을 버리면 이보다 더 큰 사랑이 없나니"(요 15:13).

예수님은 우리와 하나님 사이에 서서 우리를 위해 자기 목숨을 버리신 분입니다. 우리는 주님이, 주님의 사랑과 보살핌과 은총이 필요합니다. 우리 편이 되어 주고, 특히 우리의 고통을 대신하는 주님과 주님의 우정이 필요합니다. 주님을 의지하면, 우리의 고난 가운데 하나님이 다가오심을 깨닫게 됩니다. 이것을 보여 주는 가장 훌륭한 예가 예수님의 죽음과 부활입니다. 하나님은 예수님을 통해 우리에게 다가오셨고 고통을 겪으셨습니다. 주님의 고난은 우리가 결코 홀로 고통받지 않으며, 언젠가는 주님이 모든 고난을 끝내실 것이라는 사실을 알려 줍니다. 이것이 우리의 위대한 희망이자 세상에 전해야 할 복음입니다.

5~10분

YOUR STORY

하나님이 들려주시는 이야기는 오늘을 사는 나와 늘 연결되어 있습니다. 아래 질문에 답하면서 성경 이야기가 내 이야기와 어떻게 연결되는지 생각해 봅시다.

▶ **고난에 어떻게 대처해 왔습니까? 욥의 반응은 당신에게 어떤 도전을 줍니까?**
이 질문에 관한 대답은 다양할 것입니다.

▶ **고난 가운데 있을 때, 하나님이 어떻게 다가오셨습니까?**
이 질문에 관한 대답은 다양할 것입니다.

▶ **욥이 자신이 겪은 경험을 되돌아본다면 어떻게 생각할까요? 고난받는 사람에게 가장 필요한 것이 하나님의 능력과 인격에 관한 더 큰 이해인 까닭은 무엇입니까?**
고난과 고통은 우리 마음이 무엇을 진정으로 신뢰하는지 드러내 줍니다. 하나님과 그분의 성품에 관한 깊은 이해를 가지고 고난의 계절을 통과한다면, 선하신 하나님이 우리 유익과 기쁨을 위해 무슨 일이든 하고 계심을 알기에 폭풍우 속에서도 닻을 잘 내릴 수 있을 것입니다.

▶ **욥의 이야기는 우리와 어떤 연관이 있습니까?**
이 질문에 관한 대답은 다양할 것입니다.

하나님의 이야기
하나님이 그분의 아들
예수 그리스도를 통해
우리를 구속해 주신 이야기

우리의 이야기
우리의 이야기가
하나님의 이야기와
만나는 곳

YOUR MISSION

5~10분

생 각

C. S. 루이스(Lewis)가 이렇게 말한 적이 있습니다. "하나님은 우리가 즐거울 때 속삭이시고 우리가 양심의 가책을 느낄 때 말씀하시지만, 우리의 고통에는 소리치신다. 그것은 귀가 멀어 버린 세상을 깨우는 하나님의 확성기다." 고난을 통해서만 알게 되는 사실들이 있습니다. 하나님은 자녀들이 고난을 당할 때 거리를 두고 냉담하게 계시는 대신 가까이 임하시며 그들의 유익과 즐거움을 위해 모든 일을 하십니다.

- **고난을 겪었던 때를 돌아보십시오. 그때 하나님이 어떻게 이끌어 주셨습니까?**
  이 질문에 관한 대답은 다양할 것입니다.
- **때로 감정에 속아 하나님이 멀리 계시는 것처럼 생각될 때조차 하나님이 가까이 계심을 아는 것이 왜 중요할까요?**
  감정은 인간의 타락 이후 하나님이 가까이 계신지 여부에 대한 확실한 지표가 되어 본 적이 없습니다. 고난의 시기에는 진리가 감정을 다스리게 하는 것이 중요합니다. 그 반대가 되어서는 안 됩니다.

마 음

고난에 대한 욥의 반응은 하나님과 그분의 선물을 어떻게 바라봐야 하는지에 관한 교훈을 줍니다. 많은 사람이 무엇을 잃고 나서야 그것이 얼마나 중요한 것이었는지 깨닫습니다. 우리는 하나님이 주신 선물에 감격하고 감사해야 합니다. 또한 하나님이 우리에게 주실 수 있는 가장 큰 선물은 세상적인 소유물이나 관계가 아니라 하나님 그분이라는 사실을 명심해야 합니다.

- **욥기 1장 20~22절에 나오는 욥의 성품을 어떻게 묘사할 수 있습니까?**
  이 질문에 관한 대답은 다양할 것입니다.
- **하나님께 받은 선물 중에 우상화되어 하나님보다 앞세우게 된 것은 무엇입니까?**
  이 질문에 관한 대답은 다양할 것입니다.

행 동

욥의 이야기는 '우리에게 어떤 친구가 필요하며, 우리는 다른 사람에게 어떤 친구가 되어 주어야 하는지' 생각해 보게 합니다. 많은 사람이 소비하듯 우정을 맺으며 많은 것을 얻긴 하지만 돌려주지는 않습니다. 이것은 우리가 자기 자신을 위해 친구를 선택한다는 뜻입니다. 우리에게 유익할 것 같아서 친구를 사귀는 것입니다. 이런 우정을 피하고, 자신보다 친구와 그들의 필요를 우선시하는 우정을 추구해야 합니다.

- **고난을 겪는 다른 사람들을 어떻게 위로할 수 있을까요?**
  답은 다양하겠지만, 욥의 친구들이 그를 위해 가장 잘한 일은 말없이 그와 함께 있어 주었던 것이라고 말할 수 있습니다.
- **고난의 시기에 친구들에게서 어떤 격려를 받았습니까?**
  이 질문에 관한 대답은 다양할 것입니다.

다음 모임까지
시편 15편; 23~25편; 47편; 89편; 96편; 100~101편; 107편을
읽어 보세요.

THE GOSPEL PROJECT

13

부르고 또 불러도 좋아

요 약

이 과에서는 세 편의 시편을 간략히 살펴보겠습니다. 시편 1편은 모든 시편의 무대가 되며, 말씀을 기뻐하는 하나님 백성의 모습을 보여 줍니다. 시편 100편은 하나님을 찬양하며 그분이 행하신 일에 감사할 것을 요구하는 모습을 보여 줍니다. 시편 110편은 모든 일을 바로잡으러 오실 메시아에게 어떻게 나아가야 하는지를 제시합니다. 시편을 읽고 기도하고 노래할 때, 우리는 그분의 위대한 이름을 찬양하며 삶을 예배로 드리는 하나님 백성과 일체감을 느낍니다.

성 경

시편 1, 100, 110편

HIS STORY

20~30분

포 인 트

'경배'란 하나님의 말씀과 사역과 언약에 감사함으로 하나님께 영광을 드리는 일이다.

등 장 인 물

삼위일체 하나님(성부, 성자, 성령)

메시지 좌표

이 과에서는 구약성경 이야기의 흐름이 잠시 멈추게 됩니다. 하나님의 언약 백성은 오랜 시간에 걸쳐 시편을 썼습니다. 그 가운데 대부분이 다윗의 작품이고, 다른 왕들도 일부를 썼으며, 아삽도 여러 편을 썼고, 모세도 한 편을 썼습니다. 시편의 목적은 하나님이 백성을 위해 행하신 위대한 일을 기념하는 것입니다. 어떤 것은 찬양에 초점이 맞추어져 있습니다. 또 세상 악에 대해 울부짖거나, 죄를 고백하거나, 장차 오실 메시아를 가리키는 시편도 있습니다.

도 입

5~10분

마틴 로이드 존스(Martin Lloyd-Jones)는 성령의 영향 아래 하나님의 말씀을 권능으로 선포하려 했던 역동적인 연사였습니다. 지금도 전 세계 설교자들이 그의 저서를 참고하며, 하나님의 말씀을 창조적으로 연구하고 설명한 그의 능력에 존경을 표합니다.

로이드 존스는 설교뿐 아니라 찬양 예배에서도 배울 것이 많다고 믿었습니다. 그는 설교할 때 예배 시간에 부를 찬양과 크게 낭독할 시편을 준비해 두곤 했습니다. 회중이 설교자의 말을 듣는 것만큼이나, 자기 마음에서 우러나오는 찬양을 부르고 자기 입술로 말씀을 암송하는 것이 중요하다는 것을 알았기 때문입니다.

오늘날 우리는 시편으로 기도하고 찬양하는 법을 잊어버린 세대입니다. 아마도 교회 역사상 처음으로 시편이 개인적인 헌신이나 공동 예배의 기초로 쓰이지 않는 시대일 것입니다. 그 때문에 초대교회를 비롯한 이전 시대 그리스도인들과 보조를 맞추지 못하게 되었습니다. 사도들은 구약의 어떤 책보다 시편을 더 많이 인용했습니다. 그들에게는 당대 사람의 기도서에 담긴 운율과 시와 신학이 풍부했습니다.

▸ 가장 익숙한 시편은 몇 편입니까? 가장 좋아하는 시편은 편입니까?

도입 선택

하나님에 관한 몇 가지 견해를 놓고 토론하십시오. 세상은 하나님을 어떤 분으로 인식합니까? 사랑의 아버지입니까? 진노의 심판자입니까? 멀리 있는 신적 존재입니까? 시편은 우리에게 찬양에 대한 틀을 제공하고, 하나님의 성품에 대해 가르쳐 줍니다. 우리를 하나님에 대한 더 깊은 지식으로 인도하며 하나님과 관계를 맺도록 도와줍니다. 또 하나님이 찬양받으실 만한 분임을 일러 주고, 우리에게 그분이 누구신지 존중하고 경배할 수 있는 모델을 제시합니다.

- *우리가 성경을 묵상하고, 매일 하나님께 기도하는 시간을 가졌다면 삶이 어떻게 달라졌을까요?*
- *시편을 읽거나 기도함으로써 하나님을 공경하고 경배할 수 있는 방법을 생각해 봅시다. 이런 변화로 나아가려면 어떻게 해야 할까요?*

랄라라, 하나님을 기뻐해

students

첫째 시편은 나머지 149개 시편의 배경이 됩니다. 이것은 시편 전체가 드러내고자 하는 것, 즉 하나님을 기뻐하는 것에 관한 본보기입니다. 여기 나오는 하나님의 말씀에 대한 기쁨은 어쩌다 얻게 된 것이 아닙니다. 일상에서 반복함으로써 형성된 것입니다. 시편 저자는 '밤낮으로' 하나님의 말씀을 묵상합니다. 다시 말해서 하나님의 말씀을 기뻐하는 것은 의도적인 선택과 준비 과정이 필요합니다.

1복 있는 사람은 악인들의 꾀를 따르지 아니하며 죄인들의 길에 서지 아니하며 오만한 자
들의 자리에 앉지 아니하고 2오직 여호와의 율법을 즐거워하여 그의 율법을 주야로 묵상
하는도다 3그는 시냇가에 심은 나무가 철을 따라 열매를 맺으며 그 잎사귀가 마르지 아니
함 같으니 그가 하는 모든 일이 다 형통하리로다 4악인들은 그렇지 아니함이여 오직 바람

연 대 표

시편의 경배
WORSHIP IN THE PSALMS
그리스도인의 삶에서 시편의 중요성 들여다보기.

엘리야와 바알 선지자들
ELIJAH AND THE PROPHETS OF BAAL
하나님이 자신만이 하나님임을 알게 하시다.

엘리야의 박해
ELIJAH'S PERSECUTION
엘리야가 박해 가운데 도망치다.

나아만의 치유
THE HEALING OF NAAMAN
나아만이 나병에서 고침을 받다.

이사야가 하나님과 만나다
ISAIAH'S ENCOUNTER WITH GOD
이사야가 하나님을 만나 영원히 변화되다.

이사야의 예언
THE SUFFERING OF JOB
이사야가 고난받는 종에 대해 예언하다.

에 나는 겨와 같도다 [5]그러므로 악인들은 심판을 견디지 못하며 죄인들이 의인들의 모임에
들지 못하리로다 [6]무릇 의인들의 길은 여호와께서 인정하시나 악인들의 길은 망하리로다
(시 1:1~6).

사람들은 시편 1편을 익숙하게 여기면서 지혜와 어리석음을 비교하는 단순한 속담 정도로 생각합니다. 실제로 시편 1편에는 지혜와 어리석음이 대조를 이룹니다.

하지만 시편 1편을 공부하고 묵상할수록, 이것이 궁극적으로 기쁨에 관한 노래임을 깨닫게 됩니다. 단순히 바른 교리를 배우라거나, 바른 규칙을 따르라거나, 올바른 일을 하라는 교훈이 아닙니다. 예배와 기쁨에 관한 내용입니다. 시편이 가르치는 방식은 주님 안에서 만족을 발견하도록 훈련하는 것입니다. 시편 1편은 복 있는 성도는 주님의 가르침에서 기쁨을 발견하는 사람이라고 주장합니다. 생각의 선택이 아닌, 마음의 기쁨에 관한 것입니다.

students

믿는 자들은 하루를 시편으로 열고, 마무리했습니다. 그리스도인이라면 밤 시간을 텔레비전이나 휴대전화로 보내는 것에 만족해서는 안 됩니다. 주님은 잠들기 전에 시편을 읽는 것을 기뻐하신다는 사실을 기억해야 합니다.

하나님의 말씀과 함께하면 어떤 유익이 있나요? 어떻게 하면 말씀과 기도로 주님과의 관계에 초점을 맞출 수 있을까요?

짜잔, 하나님의 놀라운 세계를 봐

students

시편은 하나님의 말씀을 기뻐하게 할 뿐만 아니라 하나님이 누구이시며 우리를 위해 무슨 일을 하셨는지를 기념하게 합니다. 시편 100편은 우리 마음을 고양시키며, 피조물에서 눈을 돌려 창조주를 바라보게 합니다. 하나님을 향한 애정을 북돋우며, 그 무엇보다 매력적이고 영광스러운 하나님을 바라보도록 인도합니다. 이는 그리스도를 전하고자 하는 우리의 열망을 자극합니다. 우리가 하나님을 향한 사랑을 드러낼 때, 외부인들은 하나님의 아름다움과 하나님을 향한 열망에 쌓인 우리를 봅니다.

공동 예배를 위해 마음을 준비하는 시편을 살펴봅시다.

> 1온 땅이여 여호와께 즐거운 찬송을 부를지어다 2기쁨으로 여호와를 섬기며 노래하면서
> 그의 앞에 나아갈지어다 3여호와가 우리 하나님이신 줄 너희는 알지어다 그는 우리를 지으
> 신 이요 우리는 그의 것이니 그의 백성이요 그의 기르시는 양이로다 4감사함으로 그의 문
> 에 들어가며 찬송함으로 그의 궁정에 들어가서 그에게 감사하며 그의 이름을 송축할지어
> 다 5여호와는 선하시니 그의 인자하심이 영원하고 그의 성실하심이 대대에 이르리로다(시
> 100:1~5).

시편 100편은 "감사함으로 그의 문"과 "찬송함으로 그의 궁정"에 들어갈 마음을 준비하는 전형적인 예문입니다. 하나님의 성품과 사역을 기념하는 이 시편은 다른 시편과 마찬가지로 하나님에 관한 우리의 견해를 형성해 줍니다.

한두 가지 감정에만 호소하느라 교회에서는 찬양의 효과를 종종 제한하곤 합니다. 하지만 인생이 복잡한 만큼, 시편은 하나님에 관한 다양한 묘사와 정서를 우리에게 제공합니다. 우리는 하나님을 선하고, 자비롭고, 공정하고, 노하고, 질투하고, 장엄하고, 무한하신 분으로 여깁니다. 그분은 우리를 우리보다 더 잘 아는 목자이십니다(시 23편). 게다가 시편은 가장 어두운 시기에 애통할 수 있게 해 줍니다.

기억은 예배의 주요 목적 중 하나입니다. 슬픈 시편들조차 하나님과 그분의 약속을 상기시킵니다. 하나님이 말씀하고 행하신 것을 사람들에게 상기시키기 위해 시편 저자가 선택한 방법이 바로 기억입니다. 우리는 성만찬을 왜 기념합니까? 우리가 교회 주차장을 떠나기도 전에 벌써 십자가와 부활이 없다는 듯 살기 때문입니다.

시편 100편은 영화로우신 하나님과 그분의 놀라운 창조라는 큰 그림을 새롭게 보여 줍니다. 우리 사회는 '자립'하고 '자족'하기를 권합니다. 시편 100편은 '자립한 사람'과 '하나님께 의지하는 사람'의 차이를 보여 줍니다. 하나님이 우리를 다스리신다는 사실을 상기시키는 것입니다. 우리 시대는 그분께 속했습니다. 모든 예배는 인류가 아름다우면서도 연약하다는 사실에 몰두합니다. 즉 하나님의 형상대로 지음받았으나(아름다움) 타락했고, 죄로 인해 죽을 운명이 되었다는(연약함) 것입니다.

본문으로 더 깊이

시편 저자는 하나님의 하나님 되심을 알고 감사하라고 합니다. 사도 바울은 서신에서 감사와 기쁨을 자주 연관 지었습니다. '감사하는 마음'과 '기뻐하는 마음' 사이의 연관성을 알았던 것입니다. 바울의 서신서에서 가장 흥미로운 것은 그의 감사가 대부분 영적 축복을 위한 것이었다는 점입니다. 물론 모든 상황에서 모든 좋은 것에 관해 감사해야 하지만, 세상적인 복(건강, 좋은 성적, 새 옷)에 감사하는 것은 자연스럽고, 영적인 복에 감사하는 것은 어색해 보이는 이유는 무엇입니까? 하나님의 구원을 직접 보고 느끼는 것만큼, 현실에서는 구원을 실제로 보지 못한다는 뜻이 아니겠습니까? 시편은 세상적인 복과 영적인 복 모두를 보게 하며, 우리의 찬양을 하나님께 돌리도록 돕습니다.

두둥, 메시아가 오실 거야

students

시편은 우리에게 미래를 가리켜 보임으로써 마음의 방향을 재설정해 줍니다. 시편 전체에서 예수님을 엿볼 수 있습니다. 시편 110편은 좋은 본보기이며 신약성경에서 가장 많이 인용되었습니다.

1여호와께서 내 주에게 말씀하시기를 내가 네 원수들로 네 발판이 되게 하기까지 너는 내
오른쪽에 앉아 있으라 하셨도다 2여호와께서 시온에서부터 주의 권능의 규를 내보내시리
니 주는 원수들 중에서 다스리소서 3주의 권능의 날에 주의 백성이 거룩한 옷을 입고 즐거
이 헌신하니 새벽 이슬 같은 주의 청년들이 주께 나오는도다 4여호와는 맹세하고 변하지
아니하시리라 이르시기를 너는 멜기세덱의 서열을 따라 영원한 제사장이라 하셨도다 5주
의 오른쪽에 계신 주께서 그의 노하시는 날에 왕들을 쳐서 깨뜨리실 것이라 6뭇 나라를 심
판하여 시체로 가득하게 하시고 여러 나라의 머리를 쳐서 깨뜨리시며 7길 가의 시냇물을
마시므로 그의 머리를 드시리로다(시 110:1~7).

하지만 명심해야 할 것은 시편이 우리 관심을 예수님께로 향하게 한다는 것입니다. 이 시편의 초창기 독자들은 메시아가 오심을 고대하면서 이것을 읽었을 것입니다. 오늘날 우리는 이것을 읽을 때, 과거 예수님의 사역과 미래에 다시 오실 예수님을 생각합니다.

예수님을 가리키는 많은 시편이 심판의 요소를 담고 있습니다. 하나님이 다시 오셔서 "뭇 나라를 심판하여 시체로 가득하게 하시고 여러 나라의 머리를 쳐서 깨뜨리시며"(시 110:6)라는 구절을 묵상해 보십시오.

students

하나님의 심판을 즐겁고 기쁘게 맞이하는 예를 찾기 어렵기도 하지만, 이것이 우리에게 낯설게 다가오는 것은 아마도 우리가 불의한 지도자가 백성을 압제하는 사회가 어떠한지 잘 모르기 때문일 것입니다. 불의를 맛본다면 정의로운 세상을 갈망할 것입니다. 우주의 공의로운 심판관이신 하나님이 세상에 공의를 베푸실 때 신원해 주실 것입니다. 그래서 시편 저자처럼 우리도 "예, 주님, 오셔서 열방을 심판해 주십시오!"라고 말하며, 전에 십자가에 못 박혔다가 우리 죄를 위해 돌아가시고 새 생명으로 승천하신 예수님이 바로 우주의 심판관이심을 기억할 것입니다.

그리스도와의 연결

시편은 예수님의 찬송가 책이었습니다. 예수님은 제자들과 함께 시편을 노래로 부르셨고(막 14:26), 구약성경의 다른 어떤 책보다 시편을 많이 인용하셨습니다.

그러나 시편은 많은 구절에서 예수님에 관하여 노래합니다. 또한 예수님을 가리켜 말합니다. 조나단 리먼(Jonathan Leeman)은 말했습니다. "예수님은 시편 구절들이 자신에 관한 것이라고 말씀하곤 하셨는데, 특히 다윗의 승리하는 아들에 관한 부분에서 그러셨습니다. 때로 예수님은 시편 구절들을 자신이 쓴 것처럼 읊조리기도 하셨는데, 특히 저자가 고통받는 자가 되어 말하는 부분에서 그러셨습니다. 예수님은 시편 1편의 하나님 말씀을 묵상하는 복 있는 사람이자, 시편 2편의 승리하는 아들이자, 시편 110편의 원수로 발판을 삼는 승리자이십니다. 또한 시편 22편의 버림받고 조롱받는 사람이자, 시편 69편의 목마를 때 초를 마시게 된 사람이기도 하십니다."

시편의 매력은 그리스도를 발견하는 것입니다. 그리스도 안에 있는 우리에게는 그분의 찬송가 책이 곧 우리의 책입니다. 우리는 그분에 관해 노래하고 그분께 노래하며, 천천히 그러나 확실히 그분을 닮아 갑니다. 시편을 즐거워하십시오. 시편은 우리에게 예수님을 보여 줍니다.

알짬 교리 **99**

예배

예배를 하나의 행사나, 찬양을 부르는 모임 정도로 과소평가하는 사람이 많습니다. 그러나 예배는 심령에 관계된 것으로 삶의 모든 영역으로 확대되는 것입니다. 예배의 목적과 초점은 하나님에게 있으며, 하나님께 합당한 찬양과 경배를 드리는 것입니다. 그리스도인은 개인의 삶 가운데서 예배를 드려야 합니다. 그리고 다른 그리스도인들과 함께 모여서도 하나님을 예배하며 그분의 영광을 위해 자기 재능을 사용해야 합니다. 함께 드리는 예배는 그리스도인들의 덕을 세우고 그들을 굳세게 할 뿐만 아니라, 믿지 않는 사람들에게도 하나님의 위대하심을 증거하는 역할을 합니다.

YOUR STORY

5~10분

하나님이 들려주시는 이야기는 오늘을 사는 나와 늘 연결되어 있습니다. 아래 질문에 답하면서 성경 이야기가 내 이야기와 어떻게 연결되는지 생각해 봅시다.

- **하나님의 말씀을 연구하거나 예배에 참석할 때, 의무감에서 하는 것과 기쁨으로 하는 것에는 어떤 차이점이 있습니까? 하나님의 말씀 안에서 '기뻐하는 것'에 시편이 초점을 맞춘 이유는 무엇이라고 생각합니까?**
  이 질문에 관한 대답은 다양할 것입니다.

- **매일 시편을 사용해 하나님의 은혜를 기억하는 방법에는 어떤 것들이 있을까요? 하나님의 신실하심을 계속해서 기억하는 것은 영적인 삶에 어떤 영향을 미칠까요?**
  이 질문에 관한 대답은 다양할 것입니다.

- **우리 마음의 소망을 하나님의 마음에 일치시키도록 기도를 조형하는 데 시편은 어떻게 도움이 됩니까?**
  많은 시편이 기도와 감사의 찬양이라는 점에서 우리는 기도 생활을 어떻게 수행해야 하는지에 관한 유용한 지침을 가지고 있습니다. 예를 들어 시편에서 찬양, 감사, 경배, 고백, 회개와 같은 것들을 볼 수 있기 때문에 우리는 기도에서 같은 내용을 구현할 수 있어야 합니다. 시편을 공부함으로써 우리는 하나님의 마음을 더 잘 알 수 있고, 그분의 마음을 앎으로써 그에 따라 기도를 조형할 수 있습니다.

- **이 과를 공부하기 전에 시편에 관해 어떤 생각과 느낌을 갖고 있었나요? 이 과는 그것을 어떻게 강화하거나 변화시켰습니까?**
  이 질문에 관한 대답은 다양할 것입니다.

하나님의 이야기
하나님이 그분의 아들
예수 그리스도를 통해
우리를 구속해 주신 이야기

우리의 이야기
우리의 이야기가
하나님의 이야기와
만나는 곳

5~10분

YOUR MISSION

생 각

모든 시편은 하나님이 누구이시며, 그분이 행하신 것이 무엇인지 우리가 이해하고 반응하도록 도와줍니다. 또한 하나님께 어떻게 반응하고 나아가며 살아가야 하는지 알게 합니다. 우리는 시편을 무시하거나 구닥다리로 여겨서는 안 됩니다.

- **발걸음을 멈추고 그 의미에 대해 생각하게 했던 현대 음악의 이름을 말해 보세요. 그 노래의 의미는 무엇이었나요?**
  이 질문에 관한 대답은 다양할 것입니다.
- **하나님과 그분의 성품에 관해 생각해 보게 했던 시편을 읽은 적이 있었나요?**
  이 질문에 관한 대답은 다양할 것입니다.

마 음

시편을 달리 표현해 보면, '일상의 동반자'라고 할 수 있습니다. 시편은 하나님과 그분의 구원을 향하도록 우리를 다듬고, 주님 안에서 기뻐하며 그분의 길을 걷도록 우리를 돕습니다. 우리는 주님을 기뻐하기 때문에 주님의 길을 걸음으로써 우리의 기쁨이 주님 안에 있음을 보여 줍니다. 자신을 위해서가 아니라, 하나님 나라를 위해 열매 맺는 풍성하고 영적인 삶을 이루기 위해 주님께 초점을 맞춥니다.

- **어떻게 하면 시편을 읽는 것을 매일 일정의 우선순위에 둘 수 있을까요?**
  이 질문에 관한 대답은 다양할 것입니다.
- **하나님을 사랑하고 기뻐하는 데서 순종이 비롯되는 것이 왜 중요할까요?**
  구속이나 의무로 순종할 때보다 사랑과 기쁨이 순종을 뒷받침할 때가 하나님이 더 찬송받으십니다.

행 동

시편으로 이렇게 기도해 봅니다. 1) 크게 읽습니다. 시편에는 기도에 관한 가르침, 기도로 아뢰기를 바라시는 내용이 모두 담겨 있습니다. 2) 다른 표현으로 바꾸어 봅니다. 시편을 묵상하고 공부하면 자신의 말로 충분히 옮길 수 있습니다. 3) 마음으로 배웁니다. 암송하되, 기계적으로 하지는 않습니다. 마음으로 배우며 자기의 말로 만듭니다. 4) 말씀에 잠깁니다. 영혼은 반복적이며, 사려 깊고, 포괄적이며, 영적 깨우침을 주는 독서에 잠겨야 합니다.[1]

- **이 가운데 해 본 적이 있는 것은 무엇인가요? 이번에는 무엇을 해 보겠습니까?**
  이 질문에 관한 대답은 다양할 것입니다.
- **우리 예배는 복음을 전하는 데 어떤 영향을 미칩니까?**
  우리의 주변 사람들은 우리가 하는 노래에서 우리의 마음 상태를 느낄 수 있습니다. 그 결과 진정한 예배는 다른 사람을 강한 증인으로 만들 수 있습니다. 특히 우리의 예배가 다른 사람의 관심을 그리스도께로 이끌 때 그렇습니다.

다음 모임까지
사무엘하 7~9장;
역대상 17~18장;
시편 1~2편; 33편;
127편; 132편을
읽어 보세요.

1. Ben Patterson, *God's Prayer Book*(Grand Rapids: Tyndale, 2008), 20-21.